En el HORIZONTE de tu RECUERDO

En el HORIZONTE
de tu RECUERDO

Marco A. Alvarado

ola
PUBLISHING
INTERNACIONAL

Hola Publishing Internacional
Eugenio Sue 79, int. 4, Col. Polanco
Miguel Hidalgo, C.P. 11550
Ciudad de México, México

Primera edición, julio 2025
ISBN: 978-1-63765-740-9
Número de control de la Biblioteca del Congreso: 2025903462

A Dios, por el don de la palabra escrita.

*No hay tranquilidad más grande que la de una oración
en el corazón y un poema en la conciencia.*

Índice

De lo sublime

A los ángeles

A ti, bello ser de luz,
¡Magnífico mensajero!
Soldado celestial, guerreo implacable del bien,
Guardián del cielo y de lo justo en la tierra,
Con tu sola portentosa presencia inundas calidez,
Eres enviado de la Divinidad
Vienes de la estrella y lo más alto,
Del Trono a la tierra, subes y bajas;
Elegido para la anunciación y justicia,
Reconfortas, alivias, proteges;
Imponente, haces brillar la oscura humanidad,
Tus bondades de luz iluminan el aura,
Y abrazas a los míos, protector infranqueable,
Con la ternura inocente de un niño.

Al mar

Inconmensurable,
Eterno enamorado,
Te dejas arrullar,
Vas y vienes, incansable.
El estruendo en las rocas es el rigor de tu voz,
Inagotables olas, boca de espuma,
Inquebrantable, fiel obediente:
"Hasta aquí llegarás",[1]
Se le ordenó al imponente, orgulloso.
Pero a veces te desbordas a la señal de la creación,
Te escapas con la punta de la lengua
Basta para conocer lo hondo de tu casa,
¡Ho, cuántas almas guardas que devoraste sin culpa!
Cuántos tesoros escondes en las profundas tinieblas,
Ahí, donde habitan alegres especímenes marinos
inimaginables
En tu salada humedad abundante.

---

[1] **Biblia RVR 1960.** Job 38:11.

A la estrella de mar

Navegante,
Navegaste sumergida en el fondo de unas dunas blancas,
Anduviste en las tempestades de aguas saladas,
En las profundidades inagotables,
Impensables,
Caminaste sigilosa en mares furiosos y serenos otras tantas,
Sucumbiste en inmensos océanos,
Hija de la vida marina en tu majestuosa simetría,
Reflejo de tus hermanas en el cielo.
Ahora yaces aquí inmóvil en una vitrina en la quietud de
    un museo
o una casa,
Para mirarte e imaginar bajo las aguas junto a los helechos
    marinos,
Medusas incandescentes, caballitos de mar, corales
    luminiscentes,
Peces de colores, monstruos marinos,
Pez vela, pez espada, pez globo, pez gato, pez linterna, pez
    sierra, peces desconocidos, cardúmenes,
Insectos marinos con alargadas antenas y diminutos ojos,
Aves marinas como las mantarrayas, víboras marinas
    parecidos a los coralillos,
Con los alegres delfines, las descomunales ballenas o
    temibles tiburones,
Sin contar las criaturas con tentáculos, tenazas, mandíbulas
    afiladas, aletas e incontables especies
    no vistas ni imaginables,

Hasta que la temible mano destructora del hombre te sacó de tu interminable hogar para reposar tu sueño forzado ahora en un oleaje imaginario.

Al fuego

I

Cuando era niño los veía entrar de par en par,
No entendía a qué o para qué,
Pero con el tiempo entendí
Que al poco rato la habitación ardía,
Humeaba,
No de llamaradas
Sino de tanto frotar los cuerpos, los huesos,
Las palabras con sus voces, las miradas con sus almas,
El fuego primitivo volvía a nacer;
La chispa, la llama, el fuego,
El fuego de los cuerpos
    Y el fuego no se detenía,
Ardían entonces también los campanarios,
Las sacristías, las trojes, los áticos, los sótanos
Y vehículos abandonados,
Señales de humo en el bosque, en la cabaña
Y en la choza,
Fogatas junto al lago o cerca de la playa,
Junto a los miradores,
Todos los lugares prohibidos y la obligada alcoba.
La mejor invención del hombre que bien aprendió,
Fue la de hacer fuego.

II

Pero hay otro fuego,
Uno temible y despiadado
Que avanza y arrasa,
Destruye y nada queda,

Cenizas de lo que fue, recuerdo y añoranza.
Hambriento devora con el crujir de sus feroces dientes,
Atrapa, despiadado, sin salida,
El fuego anunciado,
 ¡Dios nos libre!
Rojo, amarillo, naranja, verde, llamean,
Brota el feroz dragón con sus mil lenguas
Y ojos llameantes fulgurosos
Arde y arde,
Consume el alma, la cuidad, y el bosque,
Avanza despiadado sin razón,
Incontrolable,
¿A quién obedece?

A las aves

Pequeños seres bajados del cielo
Parecen formados de nubes,
Provenientes de un horizonte lejano, desconocido,
Diminutos y pacíficos mensajeros como un ángel,
Hacen gala con esplendidos colores,
Alegres y ligeros de alma,
Hermanados por las mismas alas virtuosas,
Nos enseñan el camino viajero de la creación en una flor,
Sobre las ramas de la vida,
Y nos deleitan con su canto celestial desde el amanecer
En el rincón de alguna altura.

Al gato

I

Pequeña criatura valiente,
Desafiante,
Orgulloso, arriesgado, mítico, discreto,
Solitario,
Dueño de la noche y del sueño,
Andas en los contornos de la luna,
Entre sombras de la noche
Y tus ojos hechos para descifrar el silencio nocturno.
Te fuiste, anduviste lejos,
O en tu nobleza fiera te atraparon,
Fueron los insolentes rufianes de todos los tiempos que no
saben de misterios ni respeto.
Ahora,
La misma ventana por la que salías a descubrir los rincones
    de la oscuridad,
Aún permanece abierta con la esperanza de verte llegar en
    la penumbra con tu caminar silencioso, casi inadvertido,
De orejas en alerta,
De mirada decisiva,
Desinteresada,
Gallarda y agradecida.

II

Una noche un hombre solitario,
Desde el umbral, con una capa estelar,
Cantaba una copla a los seres nocturnos.

Se acerco el búho, el gato, y un hombre que escribe de noche
A la luna y a los ojos negros de una mujer.

III

Fue así como, en esa ventana
Que asoma al universo, ¡volviste!,
Un cuanto desconfiando, incrédulo.
Llegaste anunciándote alegre, disimulado,
Determinado para volver a quedarte.

IV

El hombre con la capa de estrellas
Volvió a su lugar sagrado.

Al libro

Percibo
Este olor a bosque y sonido de aves,
A frescura y lluvia,
A sol amontonado y neblina espesa,
A madera, a tabla herida,
Sonidos de fábrica y risas de obreros,
Es la hoja pulcra, reluciente, lista y lisa;
Luego la tinta que clava la primera letra metálica,
Y otra letra, una más,
Un verso,
Una estrofa
¡Nace la poesía!
El corazón y alma impresa de su autor
Reunido en cantos, odas, voces, alegorías,
Llega a su final destino
En la recitación y la poesía coral,
A los maestros y los niños,
A los enamorados adolescentes,
En los adultos meditabundos,
A los ancianos que buscan paz.
El lector también se convierte en poeta hermano
Y, al abrir las hojas, le devuelven la vida al árbol caído.

Al color plateado

¿Qué prodigio te formó?
¿Con qué combinación te diseñaron para reconocerte?
Tienes el color del gran pez de Hemingway,
   Brillante,
O el de una espada empuñada al aire como el ángel Miguel,
   Reluciente,
Al de la luna plateada,
A las canas del mismo canto.
   Brillas,
Brillas a mi pupila,
Al tiempo, a la distancia,
Como la estrella en la noche,
A los metales debajo de la tierra,
A los planetas que imaginamos,
A la idea en el silencio.
Brilla el nombre de tu color,
Brilla tu voz a lo lejos,
Como al agua en la fuente que espera a los rayos del sol
Para apreciar tu grato color.

A las manos

Estas manos que me fueron dadas
Para el reconocimiento del prójimo en un saludo,
Estas manos de la caricia en la hora del amor,
Estas que cuidaron otras pequeñas manos,
Las que estrechan tus manos benditas,
Son las mías que reconocen y agradecen las manos del
    trabajo del otro,
Como en la cosecha de fruta, trigo y cereal,
Las que pescan para llevar el sabor del mar a la mesa,
A las manos en el hierro, martillo en la fábrica,
Las que moldean y tallan barro y madera,
A las manos que sanan en el nosocomio,
Las que cimientan y construyen en la urbe,
A las manos de enseñanza en las vocales, geografía
    y civismo,
Las del microscopio y telescopio en la ciencia,
Las que manejan en carreteras y navíos,
A las manos artesanales de mimbre y estambre,
Las manos que recolectan y limpian,
Las juzgadoras honestas,
A las creativas manos de números, fórmulas y tubos de
    ensayo,
A las ingeniosas y sonoras manos de cuerdas y percusiones,
Las manos que plasman letras y cantos,
A las del cincel y pincel en el arte,
Las manos que dan sabor en el platillo,
A las ancestrales manos de maíz y cacao,
A las manos de numerosos ganados,

A las benditas manos tuyas y mías con las que llevamos
alimento a la boca,
Y la alegría de compartirlo
Como el mismo maná que caía del cielo.

Mujer ángel

En la exquisitez de tu boca permanezco,
   sin tiempo,
En la humedad de tu ternura me sumerjo
   infinitamente,
Tu piel, me envuelve lentamente
   inadvertido,
Me cobijo en tus alas amorosas,
    tu susurro,
Mi canto enamorado.

A la mujer enviada

Tú llegaste de la nada,
Fuiste enviada
En el tiempo preciso,
Llegaste discreta, tímida,
  ¡Angelical!
Con tus movimientos suaves
Nuestras almas iban a tientas ante la luz,
  Distraídas,
Hasta que se encontraron y por un instante se tocaron
 suavemente,
Se miraron fijamente silenciosas
Hasta escuchar tu voz finita que aún resuena.
Sentí tu presencia femenina,
   Implacable.
Fue así como te descubrí,
Te encontré para amarte y tenerte,
O simplemente disfrutar de ti, ahora de tu esencia
Bajo tu otro nombre, "amor", que fue fugaz.
Ante mí será eterna tu llegada, aliviándome el alma
Reconfortaste mi corazón hasta sanarlo,
Y aún puedo ver en ti la dicha de tus ojos
Para ver la alegría de lo natural, de lo existente,
Y en tus manos descubrir tu ternura dibujada en mi piel,
Sentir en tu abrazo la delicadeza que escondes,
Y en tu respiración acariciar el calor de tu cuerpo
El mismo que llegó desde lo alto convertido en mujer.

De las palabras

La idea

Surge de la nada
Hay algo en desorden en un recóndito lugar
Una chispa que quiere germinar y crecer,
Es una brevedad de la luz que asoma,
Apropiarse de una voz, letra o palabras
Soy esa breve luz cuando hablo
Y escribo.

Abecedario

Enlazado por culturas milenarias,
Vital necesidad del afecto y comercio,
Cruzó caminos y continentes,
Con las generaciones se transformó, se hizo cíclico,
Con la voz rompió el silencio,
Se hizo la palara hablada,
Y la palabra fue escrita,
Hecha para unirlas,
Agotarlas, explotarlas,
Formarlas, convocarlas, congregarlas, reinventarlas.
¡Lanza júbilos del abecedario!
Sáciate de ellas,
Deja que te invadan
A la luz de la palabra callada.

De la inspiración

I

Todas las palabras acumuladas en el corazón,
Apretadas,

    Desordenadas,

    Dispersas,

    Desbordadas,

Necesitan salir,
Bombearlas con fuerza y rigor,
Que salten las palabras del corazón a la boca,
Alineadas, tejidas,
Formando palabras con voz:
"Melancolía", "alegría",
Tu nombre imperdible,
 "Ven, mujer",
Las palabras "te extraño"
O simplemente la oración en pasado,
"Cuánto te amé".

II

Las siento como pequeños vidrios de fuego incrustados
En el mapa de mi piel,
Sin saber de dónde vienen
Se entierran en mí,
¡Llegando hasta el hueso!
Llegan del cielo, del aire, del suelo, de la calle,
Del recuerdo,

    ¡Son las palabras!

Que dentro de mí empiezan a arderme,
 A sentirlas y comprenderlas,

Toman consciencia, se mueven, entonces:
  Escucho,
    Hablo,
      Escribo,
        Y se van diluyendo,
Como si bebiera agua para apagarlas,
Plasmadas se enfrían,
 Se derriten, caen victoriosas,
Alegres, sonrientes
          De haber cumplido su buen deber en una hoja.

Contingente de letras

Tengo un ejército de letras,
Un ejército de palabras,
Reunidas forman inmensos batallones,
Contingentes,
 ¡Listas para desplegar!
          (Con acentos, comas, puntos, signos),
Directas al ataque,
No para conquistar un territorio o declarar la guerra,
          Sólo para ganar simplemente tu sonrisa.

A la palabra amor

I

No te niegues a recibir este amor,
Te pertenece,
Estaba reservado para ti,
Sabría que vendrías,
¡Y al fin llegaste!
Inesperada, apareciste
De un mundo desconocido
Que te hizo especial y única.
Este amor ahora lo pongo en tus manos
Para que te sacies de ternura
Y tengas mi calor junto a tu cuerpo.

II

Porque así te conocí,
　　Dulce y bella,
Con la mirada callada,
De suaves movimientos,
　　Discreta
De voz delgada,
　Susurrando,
　　Así te conocí
Con tu latir pausado,
Con tu cuerpo perfecto
　De ninfa,
De manos suaves,
Con ese olor tan tuyo
　　Que ahora respiro.

III

Llegaste, aquí estas
Con tu nombre de cuatro letras como la palabra
   Amor
Viéndome con tus ojos que incitan,
Con tus pasos suaves,
   Delicada,
De silueta perfecta,
Piel de terciopelo de cada mañana, fresca.
Es tu aroma que me llama
Con tus labios que al fin me sonríen con un beso.

IV

Ahora tú y yo nos contemplamos,
Lentamente nos acercamos
Como se contempla el mar con el cielo
Y en el horizonte se unen,
Tocándose en el reflejo del otro,
Se unen para ser uno solo,
Para fundirse como tú y yo en el ciclo natural del amor.

Imágenes en palabras

La nostalgia cae sobre la tarde, se plasma en papel
Y se vuelve palabras,
Formadas son imágenes en la quietud de un muelle,
Hay sonidos en ellas, la música de su historia,
Gaviotas dan vueltas en mi pensamiento,
Ahora mis manos se inundan,
Se mueven como un barco en altamar,
Mi respiración ahora es la marea,
Y mi voz se pierde en el mar abierto sin destino escrito.

El adiós de tus palabras

Mis letras quisieron desaparecer,
    Sin ser deletreadas ante el papel
        Sin ser escuchadas,
Con una voz ahogada y una línea indescifrable más que
tenue,
        casi invisible,
Por la ausencia definitiva de la voz de tus palabras.

A la palabra herida

I

Desgarrado, el corazón
Se abre,
No brota más sangre sino palabras,
Palabras heridas,
El corazón llora al escribirlas
Y la voz enmudece.

II

De la nada vienes en forma de silencio,
Es el aire que arrastra tu olvido frente a mí
Y me habla.

Acerca de algunas cosas

Árbol

I

No es un simple tronco,
Anclado juega en un vaivén con el aire que lo mece,
Pareciendo querer correr, saltar y no permanecer estático en
    los siglos,
Ser ancestral de mil brazos y pies,
Emana y envuelve vida,
Con su altura parece tocar el cielo,
Con la copa de sus hojas rozar las estrellas,
Sobre alguna rama nacen cantos alegres.
No pide mucho, es modesto, sólo agua y sol,
Silencioso, discreto de la historia de este mundo,
Testigo de la humanidad con sus batallas y guerras,
Tímido por la mano destructora del hombre,
Llora resina y se percibe,
Agradecido con su creación poderosa y su único bien hacer,
Se reconoce a sí mismo,
Se mantiene firme como fue su creación,
En silencio se regocija dando vida al mundo que sólo a él
    le pertenece.

II

Milenario de grandiosa piel,
Eres todas las pieles. Cuando te tocamos lo hacemos
Al rinoceronte, al cocodrilo, al delfín o al tigre,
Eres rugoso o liso, casi de acero, piel cáscara de los siglos,
Estás en todas las formas;
Fuiste navío con los descubrimientos y conquistas,
Asta de bandera,

Andamios y pinceles para el arte,
Pilotes de viejas cuidades,
Estás en el librero con sus hojas y letras,
En la viga que sostiene la casa antigua,
En el portón de vecindades; estás en los templos y palacios,
Acostado en incontables durmientes para el ferrocarril,
Eres sonoro en la madera lustrada, caja reluciente,
Elegante de melodiosas notas tristes y alegres del piano,
O pequeña caja en forma de mujer (para no soltarte),
Guitarra de tantas noches de bohemia junto al vino
    y la fogata,
Leña de chimenea del hogar,
En la cocina para la cocción,
Árbol eterno que fuiste en una Cruz, entonces eres vida.
Yo te honro desde mis manos con este lápiz de madera para
    escribirte
Y reconocer tu existencia, magnifico árbol del tiempo.

Farol

Presencia en pie,
Sobre una roca inmóvil,
Fortaleza creada por el hombre,
Testigo del círculo virtuoso y perfecto de lo natural,
De lo desconocido;
Sobre tus paredes fluye el agua prodigiosa de la lluvia
Y salpicado fuertemente por el mar
La seca el tiempo con su viento.
La tierra te mantiene en pie, erguido;
Eres guía a la vez de luz para el navegante,
Brújula cercana de navíos y balsas olvidadas,
Observas los mares con rigor,
Te deleitas,
Te acarician y el sol te descubre,
La luna te ilumina,
El tiempo en ti
Es inmóvil.

Estación

En el último tren de mi deseo,
   Me refugio en el vagón de tu cuerpo
En espera total de tu entrega,
   A la estación esperada del amor.

Antigua casa

Desde lejos un frondoso árbol,
Frente a una ventana en una calle solitaria,
Inmóviles y testigos de una niñez que fue,
Una vecindad donde rondan las almas pasajeras,
Fuertes paredones la sostienen, historia de tantas vidas,
Vigas apolilladas que carcome el tiempo,
Gatos sigilosos por la azotea rondan misteriosos,
La noche cae con un cielo espeso de recuerdos,
La parvada de todos los días pasa sobre ella antes de cada
   noche,
Y llegan al mismo árbol trinar de atardeceres inconfundibles,
Dentro de sus paredes una abuela que aún habita al fondo
   de la casa,
Con su eterna alma,
Un niño la mira desde lejos sin miedo,
Y la escucha sin voz pronunciando suavemente su nombre.

Mi platillo

Tu boca,
  Sabor en mi paladar,
Tu olor,
  Textura suave,
Deleite de mi vista es tu piel,
Tu cuerpo
  Mi platillo fuerte aderezado en mis manos,
El postre,
Tu sonrisa deseable,
  Siempre dulce.

Sabor a vino

Déjame suspenderme,
Despejar mi mente por un momento,
Desprenderme de todo sabor,
Probarte,
Poner tu sabor en mi boca.
Déjame reposar tu corta estadía
Como si fueras vino,
Disfrutarte,
Oler tu fragancia en relativa distancia,
Tenerte en mi paladar,
Volverte a saborear hasta agotar la última gota
Hasta que otro sabor elimine el tuyo.

Perla

Tu rostro parecía simplemente de piedra,
Daba la impresión de que no sonreías.
Al fin una chispa se encendió en ti,
La roca de tu rostro fue perla iluminada de colores cálidos,
La pureza e inocencia de tu hechura fue visible, cristalina,
Una perla en armonía en destellos,
Brillaste con el reflejo de una diminuta luz que te alumbraba
Desde algún rincón perdido de este lugar.

Entre musas y sirenas

Instantes

En un abrir y cerrar de ojos,
  Vienes,
Apareces de la nada sin solicitar siquiera tu presencia,
Tu recuerdo aún pesa, se siente,
Se desahoga en suspiros,
De repente, se esfuma como llegó,
Tú, distraída, sin saberlo,
  Ignoras mi existencia.

Todos los nombres

Con tu nombre de cuatro, cinco, o seis letras,
Todos los nombres clavados en el mismo corazón,
Se anclaron para dejar una huella o herida,
             Profundos y fugaces,
Todos los nombres
             Están hechos de mujer.

Musas

I

Mi musa, mi compañera solitaria, silenciosa,
Que es mi pasado, mi presente y mi futuro incierto.
Ahora eres tú prisionera de mis palabras,
Discreta,
  Sin rostro,
    Sin tiempo,
        Sin nombre,
Cuerpo de luz, de sombra inagotable,
Te pienso, cada noche siento tu presencia,
Al despertar te nombro,
        Ciclo infinito del sueño.

II

Cuerpos en uno solo, el tuyo,
Miradas amando una sola,
Tu pelo,
Matices, destellos,
Sombras,
Brillos dibujados en tu cara
Perfecta, única,
Eres instante eterno,
Eres todas las miradas,
Sensual, erótica, tierna,
Todos los ojos en los tuyos,
Una luz que me mira como si mirara el infinito
Que es una brevedad,
Me desconoces y me enredo en tu maleza,
En tus aguas dulces, en el vaivén de tu cuerpo,

Tú eres ahora la noche pesada,
Estrellas te iluminan
A un solo cuerpo,
Musas sintiendo el calor de todas ellas,
Conocidas, desconocidas en un solo cuerpo que eres tú.

¿Dónde estás, silenciosa?

¿En dónde estás con tu caminar discreto y silencioso?
¿Qué haces ahora cuando tu recuerdo me alcanza?
Cuando me da un beso callado,
¿A quién impregnas tu aroma?
¿A quién contagias con tu risa alegre?
Con tus ojos llenos de brillo de luna,
¿A quién tomas por sorpresa con tu palabra ingeniosa?
Ahora mi pecho se siente vacío sin ti,
Y al volverte a ver,
Descubro en ti otra mujer.

Sirena

I

Eres
La musa que entra en mis sueños,
Llega sin avisar,
Se desprende de sí para llevarme,
Se desnuda ante mis ojos,
Me atrapa,
Me arrulla y me envuelve en su piel de nácar,
En su vientre de pétalo de rosa,
Me susurra con su voz de noche.

II

Ella vuelve,
Aparece en la plácida tarde,
Me confunde con el mar,
Me salpica de su cuerpo fresco
Luna, nube, mar, rosa,
Me adormece, me enamora,
Lenta se va, rehúye,
Y me deja cada noche soñando en el tiempo de una mujer.

¿Quién eres, de dónde vienes?

Tu olvido me alcanzó,
Tu recuerdo me persigue como canto de sirenas
Junto al vestíbulo del abismo.
Te escucho sin voz,
Te pienso sin destino,
Te siento en la nada,
No eres tú,
Eres como otras tantas mujeres en una sola, en ti,
Desnuda y descubierta,
De cabellos ondeando, de voces en una sola,
De otros cuerpos en uno solo,
Gemidos, lenguas, saliva, labios en un solo cuerpo,
En el tuyo que ahora es nadie;
El reflejo de tus ojos
Que se pierden en la luz de algún destello,
Tu aroma viene de lo profundo del mar bajo una luna llena
Que me abraza para sentirte,
En el horizonte te despides como un velero o un pez
    o un ave,
Tu cuerpo, en otros cuerpos, se diluye en el mar, en el aire,
    entre nubes,
Eres tú y te reconozco,
De noche te escondes entre estrellas fugaces y eclipses
    de luna.

Sin rostro

Es mejor verte partir sin decir nada,
Ver cómo te has dado la vuelta para no regresar jamás.
¿Qué me queda?
Náufraga mi alma sin ti.
Eras complemento de mi cuerpo,
Ahora dejarás de existir,
Existirás para mi olvido
Sin nombre,
    Sin rostro,
        Sin tiempo,
            Sin cuerpo,
Eres nada, una partícula,
polvo,
     número,
         letra,
           Un poema más.

En las entrañas de la noche y tu misterio

Así te amo

En silencio te amo, ni si quiera tú lo sabes,
Trato de escuchar el eco de tu voz lejana
como susurro que me acompaña,
Trato de tenerte cerca
Sólo con tu recuerdo,
Trato de tocarte simplemente en el aire.
Quisiera amarte toda
Conocer tu cuerpo en plenitud,
Sólo el silencio descubre el vacío que a diario contemplo,
La noche pone en claro mi lúcido pensamiento
Y el sueño me permite seguir viviendo.

La noche

En esta noche silenciosa
Que cimbras el más profundo dolor,
     Y tocas el fondo de mi alma,
     ¡Estremeces!
¿Qué escondes en tu oscuridad?
La tristeza, la felicidad,
    El júbilo o el desdén de los hombres,
Noche negra, recuerdo de tus ojos delirantes,
   Eres suave,
      Serena,
        Diáfana,
Junto a ti, en la oscuridad de esta noche,
    Te palpo,
Te conozco a la luz de la imaginación,
Admiro tu misterio, lo descubro,
   Tu timidez y le susurro,
     Tu silencio y le escucho,
Te veo en la oscuridad tan clara,
Tan clara como la luna
     Te descubre.

Me voy de ti

Al fin me fui de ti,
De tus entrañas en la tristeza y alegría,
De todos tus recuerdos que parecían eternos,
Me fui sin destino, pero convencido de mi certera lejanía
  En la distancia.
No veré más tus movimientos cautivos,
Ni tus susurros que me envolvían,
Al fin me aliviaré de ti,
Me curaré
De tu risa, de tu mirada misteriosa,
  De ti saldré,
    De tu palabra a veces vacía,
      De tus angustias y miedos.
Me voy convencido de no volver a tu misterio amoroso.

Ante el espejo

I

Reconozco mis ojos tristes ante el espejo,
Llenos de tu recuerdo que todavía refleja tu rostro
Desdibujándose junto al mío,
Desgastado por el olvido del tiempo.
Ahora
No te escucho ni te siento,
Pero aún existes.

II

Ahora estás lejos,
Tus manos ya no son mis manos,
Entonces,
El tiempo,
   Otras manos,
      Otros labios,
Al fin vuelvo y sonrió.

III

Y ahora las manos de ella,
   Su mirada,
     Su voz,
       Su risa
Y su cuerpo,
Entones,
   Ya no existes.

IV

Ahora, el espejo es más claro,
Otro reflejo,
  Y al fin
Me reconozco sonriendo
      Y mis ojos brillan al tenerla.

Tu misterio

Con tu aroma fragante,
          Iluminada,
Eres agua diluida,
          Remanso de arena,
Reflejo de unos ojos tristes que persigo;
Eres sueño convertido
En distancia,
          En soledad,
                    En angustia;
Eres mundo entero,
   Inacabable,
Que gira alrededor de mi ser,
                    De mi existencia temporal.
Como la noche, tu misterio de puma me atrapa,
          Me acecha,
Y cantas como ave nocturna,
Te escucho a lo lejos,
          Atrás de la estrella,
Escucho tu sangre recorrer mis venas desesperada por no
   tenerte.

Mi soledad

Mis pasos persiguen tu sombra,
Mi pensamiento vuelve a ti,
Te dibujo en el aire y te imagino entre sombras,
Tu voz cubre el vacío de mi silencio,
La obscuridad,
                Tus ojos,
El ambiente nocturno
                  Tu aliento,
Nuestras sombras se recorren sin temor,
De la nada se encuentran,
Juegan, se unen, se pierden,
Tus ojos me buscan, me asechan,
Nuestras almas unen sus manos para bendecirse y amarse,
Tu pensamiento vuelve a mí,
Suspiro y no estás conmigo,
Te busco,
Lejos permaneces.
  Mi soledad,
Se contempla en buscarte.

Tu sombra

I

Nuestras almas se encuentran noche a noche,
Así eres mía, así nos reconocemos en ese lenguaje único
   del amor,
A veces indescifrable,
Sin dudas ni preguntas,
Sólo el presente es válido,
 Instantáneo,
Y al mismo tiempo eterno.
Soy todo de ti, mi pasado y futuro te pertenecen,
Eres esencia de mi piel, soy aroma de tu piel,
Interminable para ti.

II

Aún en tu ausencia y en la soledad de tu amor
El viento me trae el aroma tan tuyo,
Inadvertido,
Te veo en la lejanía del tiempo,
Distante en mis recuerdos de la luz de tu cuerpo,
Senderos que no descubrimos y que son caminos de olvido.
¿Cuál es el tuyo?
Incipiente,
Lejos de mi ser,
de mi murmullo amoroso a tu oído,
A tu ser,
Ausente de la calidez de mi memoria,
Lejano en el vacío de dos cuerpos que fueron fundidos en
   algún tiempo.

III

Día y noche me atrapa tu recuerdo
Y entre sueños apareces,
En silencio te nombro de la nada,
Veo el vacío de tu sombra,
La perfección de tus labios me invade en tu ausencia,
Me enredo en la maleza de tu pelo oscuro como la noche,
Y la dulzura de tu cuerpo me llena sin destino.
Te recorro una y otra vez en el recuerdo olvidado de tu
presencia.

IV

En el silencio tus pasos me perturban,
Despierto, y no estás,
Sólo te nombro lentamente,
O es el fantasma de tu ser que recorre mis pasos,
Que traiciona mis sentidos para tratar de encontrarte
Entre mis manos vacías.

Tu último desprecio

Deseo tanto tu desprecio, así extendiéndome
　　　　　tus brazos,
Ese odio recóndito que sale de tu mirada
　　　　　enamorada,
Con tu boca suave dispuesta a matarme con una palabra,
　　　　　Con tu lengua enredada con la mía,
Con tu rechazo certero a quererme
　　　　　Una vez más,
Y tu cuerpo placido en reposo reconociéndome en cada poro
　　　　　siempre entregada.
　　　　　Quiero repetir tu amada resistencia a
　no tenernos.

Ojos de noche

En esta noche,
  Que es la noche de tus ojos,
    Entre tu silueta de sombras,
      Escucho tu infinito silencio,
        Entre las brasas de la noche,
          Entre el crujir de los planetas
            Y el murmullo de los árboles
              Recorro la extensión interminable de tu cuerpo.

Extensiones de la noche

Oda al sexo femenino

Me gusta contemplarte toda,
Diáfana mía,
En un principio tus ojos,
Los ojos del ser de tu alma,
Y tu boca,
Que quiero tocar, volver a ella,
Dibujar su comisura una y otra vez,
Voy bajando la mirada por tu cuello,
El paso obligado de un par panes suaves,
Recorro mi vista hasta el vientre hecho para el nido de la
    vida,
Y luego tu sexo,
Tu sexo que contemplo sin prisa,
Detenido el tiempo,
Es ahora centro de mi universo,
El punto de partida,
El centro de mis galaxias,
Es también el principio de la vida,
Una pequeña eternidad,
Tu sexo, pequeño molusco marino,
O pequeña flor marina de un mar de agua dulce
Puesto en el cuerpo de una mujer,
Medusa nocturna luminiscente,
Me consume, me hechiza en su noche,
Me atrapa en su humedad,
Doy vueltas en tu microcosmos perfecto,
Estrella fugaz,
Lo contemplo con mis labios,
Lo toco sueve con mi boca con un beso tierno sin ser tu boca,

Lo recorro,
Lo mido con mis labios,
Lo acarició con mi lengua, lo palpo,
Pruebo su líquido marino,
Miel marina de la flor,
Flor abierta en primavera,
Flor de mis inviernos fecundos,
Flor de mis días alegres para entender un amanecer,
Y el alba de tus brazos como dos planetas,
Tus ojos,
Vuelvo al infinito de tus ojos profundos,
Son la sensación de mi aproximación,
De mi contemplación, de tu ser adormecido,
Vuelvo a tu boca,
Tu boca que lanza el gemido agradable de tu recóndito sexo
En el que ahora habito.

Una de tantas noches

Tu noche, mi noche,
Fundidos en el abismo de la oscuridad,
Me envuelvo en ti,
Y en tus ojos admiro la quietud del universo,
En tu cuerpo contemplo el lecho estelar que se posa en ti,
Lento, pausado,
Eres mi gravedad,
Y tus movimientos sigilosos son como una suave creatura
    nocturna
Que rodea todo mi ser con tus destellos de suaves colores,
Y mi cuerpo ahora es tuyo,
Caigo suspendido, en caída libre
sin tiempo ni distancia,
absorbido por la noche en tu pubis de luna.

Breve nocturno

Inadvertido,
Los rumores de la noche me preguntan por ti.
Mientras tú duermes,
   yo te imagino soñando
Mientras estoy despierto,
   te sueño
Mientras duermo,
   entre sueños te veo cuando eras mía.

Entre sueños

Ahora estás entre sueños,
 Apareces:
Éstas y no éstas.
Te nombro,
No te veo,
Me miras sin decir nada,
Te mueves y tratas de hablarme,
Te hablo y busco tu mirada,
Pasas frente a mí, escondes tu rostro,
Trato de seguirte, no eres tú,
Apareces al siguiente día,
No te nombro, sé que estás, eres tú,
Ahora te conviertes en sombras,
Tu rostro desgastado por el tiempo de los sueños.
Ya no te veo,
No te reconozco,
Sé que eres tú,
Ahora lejos de la realidad de mis sueños
Aún existes.

Otra noche

Todas las noches pasan silenciosas,
Lentamente nos aguardan, tiene ojos en todas partes,
En una banca, bajo un farol, los enamorados se toman de la
    mano,
Pactan su futuro,
En una cama otros enamorados desnudos y extasiados
    tomados de la mano
sellan su amor, la noche los mira,
Una madre con su recién nacido en su regazo esa misma
    noche
Los contempla,
Otra mujer llora en silencio amargo la desdicha del amor,
Un hombre se lamenta y se arrepiente en absoluto silencio,
La noche nos mira, contempla nuestras decisiones,
En otra sabremos el desenlace.
Cada noche es la misma que ve las últimas miradas
    y suspiros,
No sólo de la muerte
Sino de la vida.

Dedicatorias

A Pablo Neruda

¿En dónde estás, Neruda?
¿Qué nuevos caminos recorres?
De Isla Negra a Capri, ¿hacia dónde vas?
¿A quién miras?, ¿qué observas?
¿Cómo es ahora el mar? ¿Qué te dicen las olas?
¿Y los cerezos?
       ¿La fragancia?
¿Qué ojos privilegiados te miran?
         ¿Quién te escucha?
¿De qué te arrepientes?
¿Qué tocas con tus manos sensibles?
Esas que tanto hablaron
Y sintieron el calor de las cosas inertes
¿A quién llamas con tu voz parsimoniosa?
Con tus pasos lentos,
        ¿Qué palabras dices ahora?
¿Qué conquistas con el canto de tu poesía?,
¿Cuánto has escrito, cuánto has recitado?
¿Qué lucha enarbolas, amigo Pablo, como en tu antigua
  Patria?
¿Qué justicia buscas ahora?
¿Cuál es la causa que ahora defiendes desde tu trinchera?
Estamos seguros, amigo, que tus pasos cimbran donde estés
       ¡Y tu canto, como el canto general de tu obra
  retumba!

A Juan Rulfo

Fuiste un hombre solitario, transparente, callado, trémulo,
Tu soledad conquistó las letras y tu silencio lo conoció
    el mundo.
Discreto, pero grande en la literatura universal,
Tu voz, la voz de un país,
Tu palabra, la de los sin voz, la de los acalladas,
     La de los pueblos que sienten,
     La de las hombres y mujeres de manos y pies partidos
    por el dolor y abandono,
Tus letras, las de las costumbres y sueños…
     La de los olvidados, sin tiempo,
La de los niños jugando con el destino también sin tiempo,
y en un instante, en adultos nostálgicos atrapados en un
    lugar de barro y espinos, en tierra seca,
Luego la vejez que les llega de súbito bajo un árbol también
    silencioso y ancestral,
Tu voz discreta como no queriendo que nadie te oiga,
     Hasta los mismos ángeles se conmueven al oírte,
Al fondo una iglesia en ruinas, una banda de viento te
    celebra,
Niños juegan en el umbral,
Los ancianos con sus bastones en mano siguen tu caminar
    sencillo, con la mirada triste, cansada,
Trataste de pasar desapercibido, el eco de tu recuerdo aún
    se oye, Juan,
El hombre que permanecerá en la anacronía del tiempo,
Rulfo. ¡Siempre Rulfo!

A Julio Cortázar

Desmesuradamente educado,
Ataviado de sencillez
Con la modestia de tu estatura,
Con tu voz a pausas
Recorres a pie tus capítulos debidamente desordenados,
Defiendes con tu palabra inteligente la unidad y fraternidad
    de América Latina,
Sus luchas y revoluciones aún justificadas,
Sin excentricidades celebras la literatura universal,
Ésta se hizo más grande con tus hojas clavadas en la
    máquina de escribir junto a T.W. Adorno a
              un lado de tu soledad que no cambias
    con la terrible
              y astuta perspicacia de mezclar lo real
    de lo irreal,
Descubrir la magia de lo cotidiano, de lo simple,
La fantasía de cada detalle aún cabe en tus generosas manos
Y tú prosa poética y poesía lírica no dejan de avanzar
Como tus largos y firmes pasos por el mundo
Comenzando en Bruselas, Argentina y terminando en París.

A Octavio Paz

Nieto de la Revolución,
Y de un jardín inmenso,
Grandes arboles te cobijaron frente a una casa serena, "hacia
    un poema"
Donde se gestó libertad bajo palabra,
Unas paredes de una casa antigua que te reconocen,
Escuchan tu voz de historia, filosofía y literatura.
Ensayos dominaste con la claridad de tus pensamientos
En la férrea defensa con tus firmes ademanes,
De mirada intelectual.
Poesía determinante te constituyó, precisa, como en
    "Nocturno de San Idelfonso",
Digno representante de nuestro país en el extranjero,
Enarbolaste la bandera en alto,
Llevaste nuestra historia al mundo
Y nos trajiste otras visiones del mundo pasado y presente,
De mundos hasta entonces desconocidos por un pueblo
encerrado,
Desentrañaste el laberinto de nuestra idiosincrasia,
Acuñaste,
Forjaste la dignidad de nuestros símbolos fuera de nuestras
    fronteras con las letras de "Piedra de sol".

A Jorge Luis Borges

En la recóndita biblioteca de tu conocimiento,
Yergue la lucidez de la erudición de tus pensamientos;
Suben de forma octagonal, en espiral, en puntos
    equidistantes, líneas paralelas
En ángulos que rompen los círculos.
La inoportuna ceguera previamente te reveló el Aleph
resplandeciente, donde todo nace,
Ataviado siempre de la elegancia no sólo en la elocuencia
    y retorica de tu serena voz, sino también al lado de tu
    báculo inseparable donde reposa junto a los libros de
    una habitación silenciosa en la que rondan la etérea
    luminiscencia de una sabiduría no premiada.
En el otoño de tus días tu mirada se hizo de niño, buscando
    la luz, y tu alma transparente e inocente esperó, quizá
    sin saberlo, cautelosa, el abrazo reconfortante de quien te
    miraba conmovedor a la hora de la final llegada…

A César Vallejo

Quiero parecerme a César Vallejo.
Con tan sólo mirarlo y verme,
Me reconozco tan solitario como él,
Tan menesteroso como sólo lo soy,
Tan callado,
   Tan distante;
Quiero parecerme a él,
Tan lleno de palabras silenciosas,
Lleno de recuerdos musitados,
Tan enamorado del silencio,
Tan ameno para sí mismo,
Tan sonriente para mis adentros,
Lejos de todos y de nadie.
César, te fuiste a morir tan lejos de tu provincia,
De los valles y montañas,
Del aire de la sierra con olor a teja y lluvia,
Fuera de tu patria y continente,
Silencioso, así lo quisiste;
Dejas huella con tu nombre y letras.
Yo sólo dejaré estas palabras para recuerdo,
Al cabo me olvidarán no sé en cuántos años
O al día siguiente de mi adiós,
Inspiradas en una triste mirada melancólica
Que alguna vez leí en tus grandes poemas.

A Alejandra Pizarnik

I

Mi querida Alejandra, te recuerdo e imagino
Como una entrañable amiga,
Como una amistad profunda que no pudo ser, que nunca
    fue,
Una amistad que dejó de verse por largos años incontables,
Que se fugó a una ciudad incierta, lejana o desconocida,
Una compañía que fue hecha para la memoria.
Alejandra, tu rostro tan sereno lo guardo como una flor en
    un libro, intacto,
Tu voz, como la de un cántaro de tristezas, ese dialecto jamás
    entendido,
Extraño esa risa disimulada que rescato de tus letras, de esa
    melancolía incomprendida.
¿Acaso no había remedio para tu determinación irreparable?
¿Cómo fue que decidiste por ese puñado de fórmulas en
    mano parecido a ese absurdo metal frío pavoroso que se
    hizo para el funesto destino?
Ahora trato de recordar tu mirada sumida entre el humo
    de tus agitados pensamientos, regidos por una soledad
    indeseable.
Ahora sé que nunca fuiste mi querida amiga, no lo serás,
Y te recuerdo como si lo hubieras sido,
Quizá un abrazo hubiera ahuyentado a esa sombra negra
    que rondaba tu ventana,
Quizá una caricia en tu mejilla te hubiera distraído de esa
    fatal tentación,
O que alguien te leyera tus propios poemas como eficaz
    antídoto.

Alejandra, mi querida amiga, debiste quedarte para amar al
   que tanto te amaba,
Para amar la vida, el color de las flores, el aire en el rostro,
   el sol resplandeciente de cada mañana y la lluvia gris
   reconocerla, oírla como gratas notas de alegría y no de
   tristeza,
¿Qué te hacía falta si tenías el corazón más puro, como el de
   una niña?
¿Qué te faltó, Alejandra?, ¿una palabra, un beso?
Cartas te sobraron, bien lo sé; no debiste marcharte,
No debiste así dejarnos parte de tu profunda e irremediable
   confusión
En la nobleza de tus ojos.

II

Te quería en mi casa, Alejandra,
Te quería junto a mí,
   Te vi,
Esos tus infinitos ojos los quise,
   Te busqué
En una ciudad, luego en otra,
Hasta encontrarte ansioso.
Ahora estás acá cerca de mí,
Con tu retrato inmortal y todas tus expresiones en letras,
Con tus pensamientos
         Y sentimientos,
Que ahora acaricio contemplativo en tu bello libro.

A mi padre, Delfino Alvarado

Revestido de una bata blanca
Como el color de la pureza y la caridad,
Con tus manos de hierro forjado sostienes el más exacto
    instrumento médico,
Con tu mirada en un punto incierto, indefinido,
Justo donde el pensamiento es esclarecido y se convierte
    en virtud,
Auscultas a profundidad con tu oído bien educado
    (alineación de memoria y conocimiento),
Escuchas con atención al órgano donde emana la vida,
Único órgano que siente los embates y alegrías,
Latidos de sueños,
Con tu diagnóstico preciso das esperanza a la vida,
La prolongas, la sostienes, le das continuidad,
Pero sólo el corazón sigue latiendo de una gracia divina,
La misma que mediante el conocimiento y el don de
    la sanación
Te permite curar al enfermo de manera precisa e infalible.

A la luna

Horas de soledad han pasado sin ti,
Ausencia…
Oleajes de tu pensamiento,
lunas de contemplación por ti,
en suspiros…

Mar y luna

La luna escucha el murmullo del mar,
El mar contempla la luz romántica de la luna,
En un horizonte se unen,
Cuentan leyendas que desde la creación del universo fueron
    siempre amantes,
Es un amor infinito en el tiempo.
¿Y las estrellas?
Las hay en el fondo del mar y las hay en el cielo.
Han dicho las generaciones
Que las estrellas son las hijas del mar y la luna.

Luna

Todos los poetas del mundo te han mirado levantando
la vista,
Y al mismo tiempo vieron a su amada en tu brillo,
Epopeyas y cantos nacieron de ti,
Suspiraron por ti, lágrimas derramadas a escondidas
viéndote,
Mencionando a voz suave el nombre de ella
Quisieron alcanzar la suavidad de tu piel iluminada,
En una simple mirada tierna te tocaron,
Te cantaron juglares
Grandes épicas,
Odas,
Palabras todas de amor,
Inspiración de bellas composiciones,
Como un *Claro de luna*,
Todas dedicadas a una mujer,
Han llorado en silencio ante ti los hombres más fuertes
o heroicos
Como el rey David,
Eres mística, dulce,
Eres inspiración
Sólo porque tienes nombre de mujer.

Bajo la clara luna

Me descubres,
Te descubro,
Lloramos,
Te despojas de ti,
Ríes,
¡Cantas libre!
Sin inhibiciones amamos,
Escuchamos las voces de la noche,
Y en sueños dormitamos,
La clara luna nos iguala, nos une,
Ahora todos somos reflejo de luna.

Suspiro

Aún permaneces viva,
Escucho la claridad de tu voz,
En sueños te retengo, me perteneces,
Aún eres mía,
  Te siento,
  Te nombro,
Y mi voz llega a tus sueños perdidos, distantes,
  Lejanos,
Nos encontramos en algún infinito,
  Ausentes,
Te vuelvo a ver
Y el olvido regresa antes de cada luna.

De nuestros niños

Nuestro niño llamado amor

Nuestros niños que representaban nuestro amor
Alguna vez jugaron
En la arena junto al mar o revoloteándose como mariposas
    en algún jardín o
Viajando a la luna o simplemente bajo unas sábanas de
    nubes o en la fogata de una lámpara a mitad del bosque,
Jugaron seriamente a quererse y amarse,
A seguirse en la más temible oscuridad hasta encontrarse
    una y otra vez;
Ya cansados, durmieron bajo el mismo sueño tomados de
    la mano.
Ahora, inocentes se buscan,
¡Se extrañan!
Quizá se perdieron en algún laberinto del tiempo en el que
    se esperaban del otro lado,
Hoy, aún, entre sombras te busco, entre recuerdos, entre ojos
    nocturnos,
Entre sueños y suspiros trato de acercarme a ti, de
    encontrarte, de tocarte,
¡Ya no estás!
Ahora mi alma de niño voltea a lo lejos al otro lado
A ver si tú también volteas a mirarme.

Un breve tiempo, la niñez

Los niños son la especie más bella y anacrónica que existe,
Se les mira igual a todos juntos, entre uno y otros
   se revolotean,
Se confunden entre gritos de júbilo y llantos,
Son iguales en el parque o en el recreo,
En la calle, en la vecindad o cerca de los mercados,
Al fondo de las estaciones o en el transporte donde todo
   se amontona.
Qué decir de su presencia en la fiesta,
Despreocupados,
Se declaran la guerra y al poco tiempo firman la paz,
Se abrazan sin rencor,
Miradas iluminadas lejos del orgullo,
Otras miradas menos iluminadas por el infortunio del
   destino triste,
Por la desgracia que les tocó vivir,
Otras silenciosos
En la rudeza del campo o en el trabajo infantil de la jungla
   de la urbe,
En la violencia viven despavoridos, vaciándose la inocencia,
Robándoles hora de felicidad y alegría,
¡Infamia!
Qué decir de los enfermos, sin alas, sin canto,
Luz apagada,
Sus mejillas también surcadas de lágrimas,
Inocentes,
En sus pequeñas espaldas cargan una mochila favorita, toda
   la esperanza,
En las muñecas cargan la ilusión de vida en un hijo,

En la pelota juegan con un destino promisorio,
Son la alegría del hogar,
La belleza inocente en un pequeños ser,
¡Que no se apague nunca la luz de los niños!

A la niñez de mis hijos

En esta casa que es búnker, barco, nave espacial o bosque,
Habitan dos niños jugando como ángeles o querubines,
    volando, corriendo, saltando de una habitación a otra,
Brincando sobre el techo, reflejo de todos los espejos
    y ventanas,
Aves, guerreros, lucha de titanes, felinos indomables,
Náufragos, veleros, mineros, marineros, trapecistas,
    futbolistas, arqueros, magos,
Flechas en cada habitación, flancos, objetivos de guerra,
    propósitos,
Mares en los baños, grandes embarcaciones navegan en
    una tina,
Dibujos primitivos en las paredes, cuevas o cavernas entre
    sábanas y cojines,
Autopistas en las cabeceras y mesas, carritos y más juguetes
    esparcidos, heridos,
Sollozos, gritos de ternura, lágrimas de agua dulce,
Tambores y ritmos de otros pueblos, de otros tiempos,
Cantos y coros celestiales,
Campamentos a la luz de las estrellas en el frío de un jardín,
Selvas donde reviven dinosaurios, persiguen, alcanzan,
    devoran o son derribados,
Niños decorados por su propia imaginación, caras pintadas,
    circo,
Armas inofensivas de agua y dardos,
Guerras planetarias o de cuerpo a cuerpo,
Bosques encantados,
Ladrones, policías, soldados,
Buenos y malos,

Ganadores, héroes, guardianes,
Malhechores castigados, derrotados,
Y al fin, viene la calma, la serenidad
Para reconfortar, para cargar energía después de un sueño,
Ahora, chocolates, gelatinas, pastel, dulces,
Ya en la boca convertido en risas,
En alegría de mis ángeles guerreros llamados hijos.

A mi hijo, un bebé

Pequeño ramillete de ternura,
Mi pequeño niño, alma pura, boca cera de miel,
Aún cabes en mi mano y te mezo,
Aún cabes en el iris de mi pupila,
En mi pecho como cuna reposas el sueño de donde venías,
Lugar seguro de un hijo,
Y mi corazón junto al tuyo
Se reconocen en un mismo ritmo.

A Santiago

"La luna brilla cada noche esplendorosa, porque tiene
   un pedacito de ti…"
Somos el uno para el otro,
Con una sola mirada nos comunicamos
Como hermanos, amigos ancestrales,
Que ahora la divinidad une bajo un mismo techo. Lo divino
   nos unió,
Como Padre e hijo,
Compartiendo el mismo pan.
         Risueño, alegre, ocurrente,
¡Eres feliz!
Y junto a ti lo soy, lo somos.
Torbellino, vas y vienes, en tu ausencia hasta las paredes te
   extrañan
Pues ahí está el resonar de tu voz, de tu canto alegre;
Creas mundos, fantasías, juegos,
               Vuelas, saltas, corres,
Eres villano, héroe,
Eres todos los personajes inexistentes,
Provenientes de galaxias desconocidas,
de mundos inimaginables.
Ahora tu voz se transforma en áspera y cada vez más ronca,
No te quiero serio, preocupado, distraído por banalidades de
   adulto,

¡Sigue libre!
      ¡Feliz!
¡Alegre!
      Despreocupado,

¡Sigue cantando la alegoría de la vida!
No pierdas tu luz y felicidad,
No eres un ser de este plano,
Vienes de lo alto y sagrado,
Tienes la fuerza de un guerrero
Mirada de ángel, astuto;
Eres hombre creado por Dios, que te eligió.

A Rafael

I

Mi pequeño niño,
Mi rostro,
Tus ojos puros
Y labios cristalinos carmesí,
Tu pequeño cuerpo aún cabe en mis manos,
Te rodeo de ternura con mis besos,
Percibo tu corazón limpio como el de un ángel,
Que sentimientos te forja,
Tus manitas y las mías son la misma carne.

II

En una tarde común,
Un niño se mece en una hamaca,
Va y viene con el tiempo,
Y el destino, el mundo le acompaña,
Todo gira, transcurre bajo la alegría de ese pequeño ser,
Esa tarde se convierte de súbito en noche,
Ahora las estrellas caen sobre él,
 y sin querer se baña de ellas, lo cubren,
El niño al fin mira al cielo bajo una luna impetuosa y
altamente brillante,
Ha sentido una mirada que le aprecia, que le ve tiernamente:
Es su creación, hay esperanza
Para un mundo mejor de la mano de Dios.

III

Sigues creciendo,

Eres mi simiente, parte de mi carácter y sangre,

Pasas de prisa tus primeros diez, once o trece años y los que
están por venir,

Joven determinado,

De gracia y humor notable,

Poco de ironía, poco de sátira,

inteligente,

Sigue floreciendo tu imaginación,

Sigue incrementando tu curiosidad por saber,

Claros son tus planes de vida,

Ahora conoces a Dios, tu hacedor,

No te apartes de Él, sigue siempre su palabra,

Su camino,

Mi más grande legado

Haberte acercado a nuestro Creador.

A María José

Eres como una princesa salida de una historia bíblica,
Una parte del Antiguo Testamento,
Serás eterna por gracia,
Tenaz, heroica,
  Decidida,
Princesa de rostro reencarnado en una abuela,
Carita angelical, mirada tierna,
Alegre, dulce,
  Perspicaz, valiente,
Inteligente,
Eres sangre de mi sangre,
Mi heredad en una hermosa mujer.

De Rafael a su mamá

Un domingo de abril con tus manos de ángel
Cortaste un racimo de nube en la tierra,
Y en el cielo fue cortado un ramito de flores blancas,
Las fuiste a entregar a tu amor llamado madre,
Con tu pureza y grandes detalles de caballero,
Eres desde niño mi pequeño ser.

Hoy

Épocas han pasado y otras que no estaré,
Mi huella es ahora en un lapso breve,
Pasajero,
Significativo, que será eterno,
Seré quizá una partícula de este universo infinito que no
     tiene edad,
ni tiempo.
          Vivir el presente,
El instante que se vuelve eterno;
Sentir el corazón palpitante,
Una respiración,
La consciencia de estar vivo;
Afinar mis sentidos,
Doy vueltas con la tierra,
Me lleno de estrellas cada noche,
La luna ilumina la silueta de la mujer que amo;
Sentir el mar que piso a la orilla de una playa,
Escucho su oleaje y respiro el aroma desde sus tinieblas de
     la profundidad;
Me encuentro bajo un astro eterno que da continuidad a la
     creación,
A la vez unas manitas enlazadas con las mías de nombre
     Rafael se formaron en la maravilla de la creación de la
     vida,
De dos células minúsculas que me inclinan a la perfección.
En este instante doy gracias por la Creación.

Reflejo

Observé una fotografía,
Su rostro, un niño de once meses.
Recordé, jugué, dormí,
Respiré sobre la impresión,
Miré en sus ojos inocentes con los míos,
En sus manos y pies limpios,
Me mojaron sus labios puros,
Lo puse junto a Dios y lo reconoció,
Se reconocieron;
Volví a ver en esos ojos
Y las miradas fueron una sola.

Paisajes y tu naturaleza

Todo tu ser es poesía,
tu risa y voz un canto.
Toda tú eres primavera…

Las flores y tú

I
Rosa o jazmines
   Hortensias o lilas
Gardenias o lavandas
   Alcatraz o girasol
Gerbera o azaleas
   Orquídeas o violetas
¡Hay tantos nombres de flor!
¡Hay tantos colores!
¡Cuántas fragancias en ellas!
      Y a todas tanto te pareces.

II
Rociadas en el amanecer,
Frescas,
Coloridas al medio día,
fulgurosas,
Y en la noche
Se tornan discretas,
Ah, pero al otro día
¡Otra vez su belleza!

III
Corona de flores llevas en tus sienes
O un bello ramo adorna tu traje nupcial,
¡Todo es el mismo jardín!

Ave de fuego

Te necesito, fuego violento,
Como ave que revolotea sus alas,
Con tu mirada misteriosa,
Remolino de sonidos que desprendes de tu ser.
Ahora vuelves a mirarme distraída,
lejana,
Sonríes con el rostro cubierto a medias por tu pelo,
Con el cuerpo al descubierto, bañada de mi sudor.
Te respiro,
Reconozco tu olor, tu piel, tu calor,
Tu cuerpo encendido,
Después vuelves a ti,
callada,
Disimulada y sonriente,
Ahora se posa en ti el ave
Encogiendo sus alas del reciente vuelo amoroso
Para volver a su canto enamorado.

En tu amanecer

En el amanecer de tu cuerpo
La luna se esconde entre tus piernas
Último deseo del alba
Principio del siglo de la estrella
Jadeante cielo de tus ojos
Mar de espuma que esconde tu rostro
La playa de tu cuerpo no dice nada.

Tu jardín

Ahora estoy situado frente a tu jardín,
Estoy desnudo
Para rociarme de tus delicias,
Para bañarme de ti,
Voy entrando,
Voy pisando el principio del Edén
   ¡Libre!
Escucho aves cantar,
Percibo un olor a flor, dulce,
Tu jardín cada vez más húmedo,
   ¡Suave!
Las aves se desprenden de sus ramas,
Todo termina por abrirse,
Estoy en tu jardín,
Sigo avanzando, toco todos los frutos,
Los muerdo, saboreo su esencia,
Pruebo su néctar que escurre sobre mi boca, mi pecho
   y cadera,
Vuelvo a morder, te reconozco,
Sabor, color, olor,
Soy de tu jardín,
Tu rocío me empapa completo,
En un instante,
Me pierdo entre sonidos de río y aves,
Caigo sobre tu césped de nube,
Abro los ojos
Y aún estas junto a mí.

Tu cuerpo

Adoro a tu hombro como a tu boca,
Lo mismo que a tus palabras como a tu risa,
A tu pelo como a una uña,
Bebo de tu vientre como de tu pecho,
Me sacio del néctar de tu sexo como de tu saliva,
Recorro suavemente tu espalda como tus piernas y muslos,
Me sumerjo en tus ojos imperdibles
Y voy al ritmo de tu respiración,
Como al de tu corazón.

Tu paisaje

Déjame caminar de tu mano,
Déjame explorar tus paisajes,
Caminar tus senderos,
Recorrerte,
Sentir el aire fresco de tu cuerpo,
Descubrir desconocidos sabores de nuevos frutos;
Déjame pisar las hojas caídas de tus otoños,
Recorrer tus amaneceres y primaveras,
Entrar en tus abismos secretos,
Estar en lo recóndito de tu ser,
Ser el reflejo de un amanecer en la inmensidad
Del paisaje de tu cuerpo.

Esta mañana

Esta frescura de la mañana
Que llega como brisa de mar
Me recuerda a ti, al olor de tu ausencia,
A tu recuerdo y olvido,
A tu cuerpo tendido desnudo
Rodeado de tu voz,
Con tus manos livianas,
A tu alma a veces confundida,
Pero así eres,
De repente llegas en mi ansiedad de tenerte,
De saciarme de ti,
Con la ilusión perdida de refrescar mi cuerpo con el tuyo.

Primavera

Te acercas a mí
Como una mariposa a la flor,
Decidida,
Avanzas como el delfín en altamar
Insaciable,
Devoras como el felino
Vuelas como el águila a la cima,
Y vuelves a ti,
Hacia tu lecho de amor.

En un abrazo

Quiero abrazarte, tenerte una vez más,
Abrazar el infinito en tu cuerpo,
Permanecer envuelto en tu cuerpo dichoso,
Estar en él, en instantes, eso que llaman eternidad,
Ver la perfección en ti,
Escucharte en los sonidos de la aurora,
En los cantos del agua,
Verte en una noche iluminada,
En la claridad del alba,
Sentirte en el aire del océano,
Probarte como a un fruto,
Respirar tu frescura hecha mujer,
Sentir la majestuosidad que hoy abrazo.

Cuando te veo

Y te vi sentada bajo tu propio ser,
Entre tu cuerpo y tu alma,
Quieta, serena o distante,
Envuelta de ti, vestida de ti,
    Distraída de ti,
Con tus movimientos naturales, suaves,
Pensando y hablando lo que del alma salía,
Lo que tu corazón te dictaba en palabras,
      Y al verte
No sólo pude entender tu belleza
Sino lo dulce y tierna de corazón.
Tu voz sin sonidos me murmuraba
Como arpa angelical combinada con tus ojos de ternura,
Y tus labios me susurraban melodías de amor
Mientras yo seguía viéndote.

Mujer

Mariposas rodean tu cuerpo,
De tus labios fluye miel,
En tus ojos, par de lunas te iluminan,
Tu sol es como tu alma,
Tu pelo una cascada,
Tu piel, terciopelo de la vida,
Tu pensamiento, cúmulo de estrellas en el firmamento
Dedos suaves que diseñan en el aire siluetas de colores,
Tus pasos dejan destellos de amor,
La fragancia que yergue de tus senos,
Espalda, cálida arena de mar,
Es tu mirada esperanza y dicha,
Junto a ti, siento los pétalos de tu cuerpo,
Flor con roció, esencia de mujer.

Letanía de amor

I

Absórbeme con tus ojos,
Atrápame,
Lléname con tu mirada el alma,
Envuélveme,
Lléname de dicha,
Refresca mi sed al tenerte,
Ahora déjame verte,
Admirarte,
Contemplarte toda lentamente para saber
Que los milagros existen.

II

Ahora quiero probarte,
Déjame recorrer palmo a palmo tu ser hecho mujer,
La hendidura de tu cuerpo femenino,
Quiero dejar mi rastro en la recóndita suavidad de tu cuerpo,
Déjame una vez más probar el paraíso.

III

Ahora olerte,
Respirar tu fragancia que es mi dicha,
Reconocerte,
Identificar tu ser,
Tu aroma,
Saber que otra vez te tengo,
Guardo tu olor en mi memoria,
Te recuerdo en una tarde de lluvia,
O en una noche clara y serena.

IV

Ahora que mis sentidos se han llenado de ti,
Quiero ahora escuchar tu placer,
Tu voz gimiendo, tu voz trémula encendida,
Ahora no quiero dejar de tocarte,
De sentirte con mi piel,
Con mi boca, con mis piernas o cintura,
Tocarte con mi virilidad,
Sentir el fuego de todos mis sentidos dentro de ti,
Para así al fin pronunciar tu nombre lentamente
Para que resuenen las palabras
Entre tu alma y la mía.

Tu rocío

I

Eres como tu nombre,

Como si vinieras recién bajada del alba

Te vas descubriendo con el amanecer

Y te posas con suavidad en racimos de gotas en pétalos de
   flores

Para luego sentir la frescura de tu ser, de tu cuerpo aún
   adormecido,

El sol y yo lentamente acariciamos tu humedad cristalina
   matinal

Y ante la luz eres plena.

Yo me quedo en el jardín de tu cuerpo

Con la fragancia de tu amanecer.

II

A mi lado te encuentras bañada de mí,

   Empapado de la dulzura de tu cuerpo,

Yaces en mi pecho como selva negra

      De todos los sabores,

Todos tus climas me habitan,

Y al amanecer la brisa iluminada por el sol te descubre

Transparente,

         cristalina,

Luego el arcoíris con sus colores,

   Oleajes de nubes,

            Remolinos de agua,

Tus labios me consumen,

      me atrapan,

            me absorben,

Tu cuerpo me desaparece,
Ahora soy tu piel,
Tus ojos, tus manos
Tu pensamiento,
En tu recuerdo reposo y en mí tú estás.

El mapa de tu cuerpo

Tu cuerpo, mi república,
   Territorio que conquisto,
Conozco y recorro,
En tus valles, montañas y mares me pierdo,
   Me sumerjo
        Y soy náufrago,
No hay salida, tu muralla me rodea,
   Me atrapa
        Para descubrir en ti nuevos paisajes.

Tu canto natural

Quiero escucharte,
Oír tu voz como un canto de bosque,
Como ola que retumba en la piedra
   ¡Sonora!
¿Dónde está tu voz ahora?
Paloma indescifrable, ave viajera,
Amiga ausente, te alejas como el aire y la ola,
Te confundo en el horizonte entre el cielo y el mar
Entre el aire y la brisa,
¿Dónde estás?
   ¡Fugitiva!

En algún recuerdo

Lamento tu lejana existencia,
Existes en el mismo mundo que también habito,
Estás en el mismo aire que nos envuelve,
Me perturbas por periodos cuando la nostalgia me acecha.
Parece trágico, más he sobrevivido tu larga ausencia de
    mis días,
De una tarde tranquila me vienes a la mente sin avisar,
Mi estado absorto por recordarte en sobresaltos te nombraba,
Sabio y cauteloso es el tiempo,
Llena vacíos y recuerdos hasta el olvido,
Regresa la alegría y la belleza para permanecer,
Hay un paraíso por venir,
Y entonces sólo te conviertes en un suspiro distraído,
Lejano,
En recuerdo desvanecido, como un cuadro antiquísimo
Desgastado por los años.

Quiero tenerte

Tengo tantas ganas de verte el alma
A través de la sonrisa de tus ojos,
De estrujarte los sentidos,
De sentirte hasta los huesos que te sostienen en belleza,
Quiero ya enredarme en ti,
Enlazarme con tus dedos en deseo,
Sentir el brío de tus piernas,
La ternura de tus manos,
Y fundirme en los poros de tu piel amorosa.

A la mujer desconocida

A la mujer de cada mañana

I

A dónde fuiste, desapareciste,
Ya no percibo tu frescura cada mañana,
Ni tu risa disimulada tendré,
Ni tu candor e ímpetu.
A dónde te fuiste mujer determinante, discreta,
Misteriosa,
Nunca escuché tu voz,
No encontraré tu mirada matinal.

II

Quiero una pizca de tu alegría,
Una sonrisa robada,
Tu mirada que rehúye la deseo,
Quiero tu jubiló espontáneo,
Verte una vez más dichosa,
Alegre como cada día.

A la mujer en algún recuerdo

Déjame volver a ti,
Tan sólo un instante para sentir que la tierra se mueve,
Que mi sangre corre y las pupilas se dilatan ante ti.
Déjame volver un momento para conmover mi alma una
    vez más,
Para sentir el latir de mi respiración hasta mis sienes,
Déjame otra vez ser tu debilidad,
Someterme a tu reino de mujer,
A la ferocidad suave de tu único beso,
A la presencia volcánico de tu cuerpo quieto,
Recordar el precipicio de tu cadera,
Tener el ímpetu femenino de tu ser,
Mirarte a los ojos con la conjunción de tu rostro,
Asomarme a la plenitud ante tu ondulante cabello,
Ante un rayo de sol que te ilumina.

Mar y mujer

No es a mí a quien miras, es a la profundidad
de mis ojos que te dicen cuánto te quiero

Mar o mujer

I

Tu imagen llega como una ola
En un mar tranquilizante,
Desprovisto de ímpetus,
Y tu ola me empapa, intempestiva,
En cumulo de tus recuerdos
De un pasado que ya no existe,
Que ahora sobrevive agonizando
En sus últimos momentos,
En el vaivén del oleaje de tu ser lejano.

II

Eres mar o mujer,
Eres compasiva, serena —cuando quieres—
En la calidez del sol, permaneces
En tu ritmo placido ante los atardeceres de colores sublimes,
Ante la luna te descubres, imaginas ante ella,
Es tu inspiración la noche,
Dejas al descubierto tu esplendor, eres reflejo de ella,
    sensual,
En el vaivén de tu cadera
Que golpea mis entrañas.
Siento el rigor de tu fuerza
Y la ternura, entre mis dedos te diluyes, te vas,
Vuelves a tu inmenso nido en tu lecho de gozo,
De contemplación, y yo te veo en el horizonte.

III

Vienes como una ola, lejana,
Te vas acercando de a poco, jugueteando, ¡alegre!,
Escuchando tu resonar, tu voz profunda,
Siento tus entrañas de mar,
Vienes de menos a más, decidida,
Al fin me empapas, me cubres,
Siento tu presencia de mujer marina, de sirena,
Me mojas el alma, la piel, los ojos, mi voz,
Me sumerjo todo en ti,
Percibo tu olor misterioso que aún queda en el aire,
Me envuelvo de ti, de tu espuma amorosa,
Permaneces,
Me enredo en tu movimiento,
En tu oleaje,
Y te veo alejarte de mí suavemente,
Distraída, jugando, sin voltear,
Hasta que te pierdes en el aire, en el tiempo,
En el horizonte,
Otra vez te has ido.

IV

Y aquí estás frente al mar, como testigo, con esa sensación
    sublime que impone.
Compartí un sueño en la misma habitación,
Ahí me sacié de ti,
De tu ternura callada,
De tu palabra silenciosa que ahora descifro,
De tu discreción en el amar.
Juntos descubrimos nuestro lenguaje único del amor,
Tuve sutilmente tu cuerpo como una marea incesante,
Mi boca te recorrió,

154

Te probé y aún tengo la sensación de un beso robado,
Me sacié de tu aroma,
De tu respiración,
Entré en ti como ante el mar,
Con tu ritmo transparente,
Me envolví de ti como una ola,
Me sacié de tu agua marina,
Y al fin nos volvimos a fundir
Como el horizonte lo hace con mar para ser uno solo.

A la mujer de ojos verdes

I

Porque eres así,
       Bella,
Con tus ojos perfectos color de cristal olivo,
        Majestades de tu rostro,
Siempre coronados por tu sonrisa.

II

Con tu rostro fresco llegas,
De alma libre, sin prisa,
Te reconozco transparente,
  Bella,
De corazón humilde
Y de ojos celestiales,
Caminas con destellos
¿De dónde vienes?
   ¿De dónde llegaste?
Mujer de sueños e insomnio,
Alegre, distraída,
Eres decidida con aire de luz,
Con tu risa majestuosa
    Y tus ojos verdes.

Rodeado de ti

Rodeo tu cuerpo majestuoso,
Suspendido en un tiempo,
Atado a la vida,
Recostada desnuda, sonriente y diáfana te encuentras,
Con tus ojos de ángel perversa me miras,
Tus ojos livianos también me contemplan,
Sospechosa.
Algún día me recordarán,
En algún tiempo no escrito
Ni señalado
Estaré en tu pensamiento.

Momentos

I

Con tan poco tiempo me basta
Para darme cuanta de tu noble corazón y firme carácter,
La coraza de tu belleza es suave
Y tu corazón aún más noble,
Con tu dulce sonrisa discreta eres bella y delicada,
Eres linda con tu cuerpo tallado de ninfa como de nácar o
  mármol,
Eres tierna con tu piel de pluma de ave,
Insospechada,
Te veo una y otra vez a través del espejo con el que todos
  los días te miras.

II

Quisiera rosarte la mano,
Entrelazar mis dedos en tu cabello
Y percibir la sensación de tu aroma,
Tocar tus suaves mejillas,
Ceñir todo tu cuerpo con delicadeza, rodearte,
Tener de cerca tu mirada decidida,
Darte un abrazo suave, apretarte con mis sentidos,
Y saber que eres real con un beso.

A la mujer con un libro

Como a una canción te voy deletreando,
Serena te encuentras, quieta como una estatua de mármol,
Clavando tus ojos en imágenes de letras
Que son sueños, ilusiones,
Mundos distantes, encontrados, perdidos,
Épocas,
Lugares inciertos, desconocidos, voces y recuerdos,
Reflejo de amor y desamor,
Desengaños,
Y un amor que existe, que somos,
Que permanecemos,
Aún estas en este cuento que se hizo novela,
Aún te veo y leo,
Te deletreo los labios, tu mirada y manos,
Te descuidas, te mueves lenta,
Recoges y acomodas tus cabellos suavemente,
Distraída,
Mueves tu mirada imaginando, pensando,
Vuelves a ti,
Acá estas,
Atrapada bajo una lluvia incesante de un tiempo que no
    se va,
En la que aún existes y estoy, en el que permanecemos.

Mujer y recuerdo

I
La bella violinista hace llorar las cuerdas de su instrumento
en una melodía,
En ese instante las golondrinas de Bécquer vuelan.

II
No sólo toca el último recuerdo
Sino que su amado testigo, el violín, la acompaña en el dolor,
Una cuerda desentona.

III
Ella mueve las manos al compás que le permite su único
acompañante,
Y este vibra en la nostalgia de su autora,
Es un baile sonoro en el ritmo de una ausencia.

Poemas de despedida

Se callan dos voces,
Dos estrellas fugaces caen,
Dos almas se separan,
Llega el silencio en ambos corazones.

Mi despedida y un adiós

Si tú callas, guardo silencio a tus respuestas.
En una noche de lluvia escribo el último poema,
Entre violines y poesía te recuerdo,
En tanto tu olvido me alcanza,
Mis latidos te llegan cada vez más fuertes,
Pretenden seducirte otra vez,
¿Qué he de hacer?
Dicha amorosa, mujer amada,
Déjala ir como a las golondrinas de Bécquer.
"No volverá, no volverá", repite a mi oído Neruda
"Dejadla volar, que se vaya la niña", decía García Lorca
    Entre violines de Vivaldi y sonidos claros de río en el
bosque fresco.
"¡Mira hacia arriba, al horizonte!", me decía, "ahí va en la
    parvada alejarse… allá va ella,
Tu niña amada, dejadla ir…"
Te vas, como el ave,
                Como el viento,
                    Como el polvo,
                        Como nada.
"Se fue", decía para sí el poeta entre cantos de aves y música
    de violines.

La última batalla

I

       Regresé con las manos vacías,
Acabado de una gran lucha prolongada,
       Incesante,
Me dejé perder y otras las quise ganar,
Firmé tratados paz,
Declaré la guerra,
Salí herido, victorioso, ileso, tantas otras,
Pero ahora vuelvo,
Me acompaña una bandera blanca,
Vuelvo con las manos vacías,
Vengo sin municiones ni cañones,
Vuelvo sin la mano de tu cuerpo prisionera de mi pasión,
Sin tu corazón aprisionado entre mis manos cuidadosas,
También escapé de tu celda,
Del paredón de fusilamiento,
Se terminó.
"No volveré arriesgar la soberanía de mi templo,
La patria de mi cuerpo",
Volví musitado,
Solo con el recuerdo de tu nombre ya vacío.

II

Me tenías, te tuve,
Atestaste primero el arma contra mí,
No lo pensé, respondí, quise ya terminar de una vez,
Te herí fatalmente de una vez con la estocada de la palabra,
Ambos agonizábamos.
Fue lo mejor, morir al mismo tiempo,

El amor se fugaba,

Perdíamos sangre, voz, color, respiración,

Subía el frío al cuerpo,

Hasta que por fin decidí hundirte la espada que degüella
   y atraviesa,

Tu cuerpo se estremeció y salieron las últimas palabras de
   dolor convulsas,

Las últimas de nuestro amor casi interminable.

III

Yacemos inertes uno del otro,

Tendidos en la oscuridad de un vacío.

Recuerdos que se irán difuminando,

Tendidos en dimensiones opuestas,

En simetrías imperfectas,

Distantes de un destino a ciegas,

Perdimos, amor mío,

Perdimos nuestra mejor batalla,

La del amor.

Veté ya herida a tu patria,

Que yo me iré a la mía casi muerto de no tenernos.

Fuimos

I

No me cabía el amor por ti,
Se desbordaba a caudales entre tus manos
Como el propio mar cuando se sale de sí.
Viví en tu piel,
Bajo tus párpados solitarios y suspiros,
Fui tu distancia más cercana,
Fui tus tardes de lluvia,
Tú fuiste mi amanecer en las estaciones.
Ahora alcanzo a ser tu recuerdo,
Y yo permanezco sin ti.

II

Ahora soy sin ti,
Existo sin ti,
Ya no grita más mi angustia
Por no tenerte amor mío,
Ya no duele respirar el aire,
El mismo que respirábamos tú y yo.

Lejos de mí

Ahora que estás lejos
Allá quédate, allá permanece,
Sin verte,
No vengas a distraerme
No vengas a mover mi mundo en paz.
Me olvidé de tu beso y tu calor,
Tampoco recuerdo el tono de tu voz.
No vengas a inquietar las ganas de contemplarte,
A despertar mis ganas de sentirte,
No quiero escuchar tu risa encantadora,
Ya no regreses nunca,
Nunca más,
Permanece donde estás,
Allá, que nunca te falte nada,
No vuelvas a despertar mi ilusión en ti.

Horizontes lejanos

¡Nunca más en ninguna nación!

Árboles otoñales en forma de esqueletos,
La bruma de la neblina europea invade el paisaje,
Lluvias inesperadas,
No es neblina ni la lluvia imprevista, es el humo de cañones
y ráfagas de municiones.
En el ambiente frío de las avenidas y ante los monumentos
históricos que hacen gala a las cuidades se escucha aún el
eco de las marchas de soldados,
Retumban las botas en formación en las fachadas, sonido de
metales, voces, cascos de caballos,
¡Hombres!
Que sucumbían a lo desconocido,
A los planes incomprendidos de los ataques,
A las ideologías desconocidas de los hombres que luchan
por un fascismo, nacionalismo, imperialismo, socialismo,
comunismo, nazismo,
A la invasión de los territorios, ¿a nombre de qué o a nombre
de quién?
A la incomprensión de matar a otro hombre, a otro igual,
A lo desconocido, a la propia muerte.
Desde sus cielos el estruendo sonido de los bombarderos
injustos, cazas, lanzas, granadas, lanzallamas,
Máquinas destructoras llamadas tanques iban y venían sur-
cando el dolor entre las calles,
Mares y fronteras invadidos de fragatas, submarinos,
buques, portaaviones,
Tierra, aire y mar,
Arrasaban y arrastraban,
¡Destrucción!

En un sueño de pesadilla provenientes de las ridículas
    guerras,
Hostiles,
¡Inhumanas!
Niños inocentes, madres, ancianos,
Ojos de miedo, horror, angustia,
Llantos de pavor que entra en los huesos como las balas,
Suelo destruido, casas, teatros
derrumbados, libros incendiados,
Familias destrozadas con buena intención a la vida, ¿cuál fue
    su culpa?
Naciones inocentes [inevitable] [elegidas],
Hombres y mujeres sin culpa en campos de tortura al rojo
    vivo,
En carne propia de experimentos inhumanos,
¡Polvo, nada!
Historia aniquilada por sí misma de ayer y hoy, las que
    vendrán
[otra vez inevitable],
Oscuridad, neblina,
Llanto, ahogo y mutilación,
Humo y miedo marcados de
Esos años que no deberían volver jamás.

A Italia

El mediterráneo te cubre, refresca tu edad,
Frías aguas sucumben a la belleza de tus islas,
Mares de ensueño te rodean,
Ilusión de los enamorados,
Tu color de ocre, de edad y ciencia,
Renacimiento.
Letras, teatro,
Arquitectura,
Música, Paganini, Rossini, Verdi,
¡Ópera!
Tus plazas y fuentes,
Esculturas por doquier, cada esquina es historia,
Monumentos de Unidad Nacional,
En cada rincón un pensamiento hecho ¡obra de arte!,
Murales, gravados, notas musicales, pinturas,
Caravaggio,
Dibujos, más letras,
Dante, Virgilio, Boccaccio,
Estatuas cinceladas por manos guiadas por ángeles,
Frescos y pinturas,
M.A. Bounarroti o R. Sanzio, da Vinci, Botticelli, Tiziano
    o Tintoretto,
Italia sinónimo de cultura y belleza, esplendor,
Lugar donde el náufrago universal quiere volver a soñar.

A Francia

I

Todo confluye en una patria,
Los tiempos se forjaron en ella,
Pasado y futuro perpetuo, enlazados,
Gestas salpicadas en el orbe a grito de
Libertad, Igualdad y Fraternidad,
Eco que retumba,
    Grandes edificaciones alineadas, arquitectura única,
Monumentos de historia,
Siglos que hablan en sus avenidas y plazas,
    Sangre y lucha,
Una lucha que permanece,
Un río, testigo fiel,
En su orilla una torre de hierro que es símbolo,
Reconocimiento,
    Grandeza,
Fruto de conquistas y expansión,
Napoleón y el rey que se hizo llamar Sol,
Reivindicación,
Voltaire, Montesquieu,
Revuelta social igual a República,
Palacios, jardines,
Puentes donde Moliere, Balzac, Víctor Hugo o Flaubert
contemplaron,
En los Elíseos donde Dumas, Verne, Proust anduvieron,
Donde Vallejo murió y donde todos los poetas quieren morir,
Inspiración de artistas,
De poetas como los llamados malditos,
Revolución poética,

174

Todo en Francia es pensamiento y lucha,
Surrealismo y existencialismo,
André Breton y J.P. Sartre,
Sueño y realidad.

II
Cuidad de la luz y del amor,
Hombres, Mujeres,
  Sangre y amor,
      Fuego y besos,
Un amor fugaz o un amor que aún vive,
Que permanece,
Dicha de los enamorados
Bajo un cielo bendito,
En sus recónditas calles el recuerdo se vuelve melancolía,
Árboles de otoño vestidos de silencio,
El Sena entiende el silencio y también enmudece,
Es como el tiempo, sereno, sigue su marcha,
El amor también continúa incesante,
Un amor donde todo en Francia permanece.

A España

I

El mundo ya existía con la palabra conquista, esta se
   expandía al norte, al sur,
En toda la geografía del globo terráqueo,
En el mundo ya existía la palabra lucha por la conquista de
   más territorio como las llamadas "guerras floridas";
Los prisioneros, los castigados, los sometimientos ya se
   practicaban,
Y fue España quien con sus grandes navíos llegó a nuestros
   mares,
Bajaron y lucharon con centauros mortales, llenos de sangre
   roja como los nuestros,
La visión de la nuestra era en el cosmos y alineaciones,
La palabra codicia ya se aplicaba en todo el orbe,
Las coronas, los cetros, los tronos y jerarquías ya existían,
Los metales ya habían sido descubiertos con sus gloriosas
   propiedades;
El poder se ejecutó
Y fue la Madre Patria que nos conquistó
Irremediablemente.
Fue como pasamos, nos ilustra León Portilla, del pecho
   abierto por una obsidiana en sacrificio en honor a
   multitud de dioses de la naturaleza a un acercamiento,
   al entendimiento de una cruz traída desde Jerusalén.
Y se escribió una historia a través de los siglos con
   luchas, sangre, derrumbes, victorias, pérdidas, fuego,
   edificaciones, imposiciones, traiciones, revueltas, leyes,
   tradiciones, vocabulario, imágenes, costumbres, hasta
   quedar como una nación independiente, hoy en día

"soberana", abierta al mismo mundo que ya existía con las mismas palabras que se aplicaron.

II

Quedó un México benevolente, pacífico por la construcción
de su doctrina,
Un país noble y por mucho tiempo con un lema de
"Unidad Nacional", a nombre de un Movimiento
Posrevolucionario,
Fue entonces que una España Republicana se volvió a fijar
en México,
Exiliados por una Guerra Civil española,
Por un dictador de nombre Francisco Franco.
Tuvimos las mismas dolencias, derrocar el gobierno de uno,
monarquía, dictadura, las mismas luchas históricas el
agro, educación, derechos sociales, laborales, una iglesia,
y en suma una, la anhelada democracia, real, auténtica,
libertad de pensamiento, verdadero equilibrio de poderes,
igualdad,
Volvieron a reconquistarnos,
Llegaron también en embarcaciones sustituidas ahora por el
Sinaia, el Ipanema y el Mexique,
Nos compensaron ahora con una Revolución Cultural
como aporte a nuestra visión, a la suma de la nuestra ya
construida entre luchas históricas,
Nos abrieron los ojos a la cultura universal de un viejo
continente, de una modernidad irremediable, de cambios
insospechados en un siglo XX convulso, trasformador, que
cambió la visión de los sometidos o conquistados,
Nos devolvieron parte de lo arrebatado —si cabe el
término— con una bandada que llegó con el conocimiento
empuñado con poetas, literatos, científicos, cineastas,

filósofos, historiadores, arquitectos, artistas plásticos, juristas, músicos, sin mencionar obreros, campesinos dispuestos al trabajo,

Todos, hombres y mujeres con aportes de trascendencia a nuestro país y que ahora se pueden leer, escuchar, ver, reconocer, contemplar, admirar de una aculturación que hasta nuestros días se vive y reconoce entre México y España.

Del dolor

Lágrimas, sangre

I

Cada noche traspiro el dolor,
Cada uno de mis pasos recorren y salpican una lágrima,
Una gota de sangre llena de rencor,
Ojos transparentes llenan la oscuridad,
Dibujan un recuerdo que ahoga en dolor,
El llanto ya es mudo, prisionero del corazón,
La noche que pasa por nuestros ojos,
Son las noches de nuestra sangre.

II

Quisiera llorar el dolor de todos,
Llorar al muerto que no ha muerto y camina sin espíritu,
Llorar al ausente vivo, al abandonado,
Llorarle a toda la desgracia ajena,
Llorarme a mí mismo
A las canas de mi madre,
A las arrugas de mi padre,
A los desprecios que les hicieron en la vida,
A los insultos y penas,
Llorarles a sus lágrimas,
A sus angustias y miedos en silencio,
Quisiera llorar junto a la anciana que ha perdido a un hijo
    inocente,
Al esposo desaparecido que defendió sus tierras
Llorar junto al velo de luto de una madre con una cera
    encendida,
Llorar el amor frustrado de un hijo a una madre que la
    muerte le arrebató la vida, sufriente, inocente,

El vilipendio de los hijos a un padre por el camino errado de
　　este, la tristeza de un padre abandonado en el frío
　　y el hambre,
Al sudor y a las batallas del hombre y mujer que se ganan
　　día a día el pan con honestidad,
Llorar la injusticia humana, la rapacidad del poderoso al
　　pobre, a la formación de clases sociales,
Al que tiene hambre cada día y no roba para saciarse,
A los que han sido discriminados por el color de piel o el
　　idioma,
Llorar en la tumba del niño que nació muerto,
Llorar a lo que se ha ido sin sentir a los que no pudieron
　　sonreír por última vez,
Quisiera llorar por todos los niños de ojos vacíos o de dolor,
Quiero llorarle al tiempo cuando traiciona, cuando se
　　adelanta o retrasa
—No es culpa de nadie—,
A los enamorados que algún día dejarán de entregarse, a los
　　amores desdichados que no pueden ser,
Al dolor del joven idealista que buscaba la igualdad y que
　　terminó en la burocracia de un gobierno,
Acompañar al que llora en la pena de la tristeza y soledad,
A los marineros que no volvieron al puerto esperado,
A los mineros que renacen y florecen en el lugar del
　　derrumbe,
A los que se perdieron en la locura y el olvido,
Al solitario de rostro aparente insensible,
Al fuego que consume, al agua que ahoga como las lágrimas,
A la mano que atraviesa otro cuerpo.
Necesito llorar como lo hizo Dios, hasta vaciarme,
Hasta morir y volver a vivir

Para volver a llorar a la enfermedad sin cura de un pulmón,
   en el vientre,
En el cerebro, a las células desordenadas, o a un brazo
   o pierna amputada,
Llorar la prisión del inocente,
Llorar a la doncella por el semen derramado en ella,
Llorar los golpes indebidos, los gritos desesperados,
Llorar la tortura otra vez al inocente,
El arma disparada, al cuchillo atravesado a otro cuerpo,
Al inocente accidentado y muerto en la carretera,
   amigo Miguel,
Llorar al árbol caído, indefenso,
Al niño sacrificado, al violentado, abusado y despreciado,
Llorar por los desplazados de su tierra, a la diáspora elegida,
Por los ahogados en los mares y ríos,
Por el exilio o pobreza o violencia social,
Por el guerrillero que dio su vida y volvió la dictadura,
Por el demócrata que dio su vida y volvió la reelección,
Por el anarquista que no entiende de sistemas o es
   incomprendido,
Al que luchó y no logró nada, al que dejaron solo,
Llorar a todas las almas por el hombre a nombre de un
   Estado que dice "ataquen" y destruye ciudades, templos,
   bibliotecas, el dolor de las vidas inocentes pérdidas sin
   importar edades, por la separación de familias,
Al hermando traicionado por sus hermanos como a
   José el Soñador,
Al suicida en su mundo de soledad y angustia
   —nadie le habló, nadie lo escuchó.
Quiero salir de mí por un instante y saber que todo ha sido
   irreal,
Pero todo existe y seguirá por desgracia.

Quisiera vomitar la sangre acumulada del que no fue cul-
pable,
Tener la sangre de todas las sangres venenosas de su propia
sangre, escupirlas,
Desmayarme por la miseria humana escondida,
Y morir por todas las mentiras del hombre, incluidas
las mías.

III
Quiero dormir un instante el sueño de todos los sueños
eternos,
Quiero gritar el silencio de todos los mudos para gritarle
de frente a Dios simplemente "¡Dios!", a los ciegos para
decirle, "quiero verte, Dios", a los sordos para escuchar su
voz,
Quiero sentirme Él para terminar con la desgracia humana
soberanamente pero nunca lo seré, seguiré mortal,
como todos.
No soy yo quien designa los destinos de nadie,
Soy solo yo quien solamente aspiro a creer en la justicia
de Dios.

INTERLUDIO

En una tarde de lluvia
y otras reflexiones

Una tarde de lluvia

I

Llueve,

Montañas de agua caen del cielo,

Los pensamientos se anegan,

Las manchas grisáceas de afuera absorben el cuerpo,

El agua no cesa,

Ahora es el turno de las nubes, caen en formas alargadas
   verticales,

La casa se inunda de gotas, de cosas, de personas,
   de momentos,

Como este día,

Esta tarde lluvia de familia y vastos recuerdos.

II

Un ave escucho cantar incesante baja la lluvia,

alegre,

Un niño duerme el sueño de la lluvia,

arrullado,

Un joven canta con otros jóvenes fuera de casa,

es un himno a la lluvia,

Una niña lejana escucha la misma lluvia,

un recuerdo mío que late,

Una madre espera,

dichosa,

Y yo escribo junto a esta lluvia que continúa cayendo.

¿La vida se mide?

Tan cuadrada es la vida,
Lado por lado,
Todo la mide,
   El tiempo con sus hijas (los segundos, los minutos,
   las horas),
Todo es preciso,
      La distancia,
         Lo cualitativo y cuantitativo ahora se dice,
¿Cuánto vale tu moneda?
   ¿Cuántos metros de tierra abarcas?
¿Cuánto vales? ¿Qué tienes puesto o qué puesto tienes?
     Los años, eficaz medida para el supuesto presagio
   inevitable,
Todo se mide menos los pasos de muerte,
¡Qué fortuna!
El no saber el tiempo de su llegada
   Sino la tendríamos bien contada,
Muy bien hecha a nuestra exacta medida.

Confesiones

Primera confesión

Algunas veces me aterraba la idea de pensar en la muerte, porque recuerdo muy bien que de niño se contaban mitos, que si un ser cercano muere, ésta regresa a llevarse a alguien más de la familia, o si muere a alguna persona cercana a casa, siempre viene por alguien de la cuadra, no sea que vaya a ser yo.

Segunda confesión

Una de tantas noches confieso que he expresado, "me da miedo morir". A dónde iría esta misma noche si sucediera, a dónde iremos cada uno, qué destino tendremos después de la muerte, no lo sé, pero hay un misterio revelado al que rehusamos, rechazamos.

He leído a ilustres caballeros que dicen, "No creo en la idea de que haya un premio o un castigo, o bien en la idea de un cielo y un infierno".

El hecho de no afirmarlo o asimismo de dudarlo lo llevamos intrínseco, la clara idea de que podría existir y al que inevitablemente nos someternos tarde o temprano, queramos o no, con o sin nuestro consabido permiso.

Quizá nuestra condición de pertenecer a una especie creada por un ente muy superior nos da la condición de rendir ciertas cuentas.

De las distintas formas de ir muriendo sin hacerlo

1

Sin darnos cuenta todos morimos cada noche
En lo desconocido e inesperado de un sueño profundo

        y

    Resucitamos sin saberlo
En cada mañana al despertar.

2

Todos morimos cuando alguien muere,
Volvemos a resucitar al ver su muerte.

3

El amor irremediablemente mata

        y

También puede salvar de la muerte asfixiante del amor.

4

El llanto, los sollozos y suspiros
Son una manera de muerte lenta, sofocante a nuestro pecho.
El desahogo es la cura.

5

El olvido y abandono mata (basta con ver al niño
    y a los enamorados).
Su regreso
Vuelve la vida.

6

Vamos muriendo con nuestro espíritu apagado,
Sin darnos cuenta, permanecemos como muertos andando.

7

Todos estamos dispuestos a morir
Por el dolor de un hijo.

8

Los sueños espontáneos de los ancianos es una manera de
    prepararse a la sorpresiva muerte,
Los sueños apagados de la juventud a la vejez son una
    manera de renunciar e ir muriendo.
La muerte es sorpresiva para todos.

La muerte en dos visiones

Una mosca yace muerta con las patas hacia arriba, nada conmueve de ella, en cierta manera da cierta alegría, insecto repugnante, señal del mal y de la corrupción de la propia muerte. Peste, rondas y aterrizas en la pestilencia y carroña, los desechos fueron tu alimento, molesta es su presencia zumbadora, irritante, retadora, plaga incesante.

vs.

Una mariposa yace muerta con las patas hacía arriba, conmueve con tristeza, definitivamente. Insecto como una pequeña delicada hoja animada y voladora, ahora inmóvil, después de tanto vuelo rondaste en las praderas de la primavera, en las bellas flores de acuarela que adornan la naturaleza, tu alimento lo dulce y el polen que también trasportabas, el sol resaltaba tus bellos multicolores en tus largos y alegres vuelos.

En el hombre, ambas muertes

Dos hombres mueren en condición de mosca y mariposa. Uno fue terriblemente malo, hacer iniquidad a lo sumo cada día, otro hombre fue absolutamente bueno, ambos yacen muertos. En el hombre malo no conmueve, da absoluta alegría y satisfacción. En el hombre bueno conmueve definitivamente con profunda tristeza.

Conclusión

Libro de la Sabiduría
"En el bien de los justos la ciudad se alegra;
Mas cuando los impíos perecen hay fiesta.
Por la bendición de los rectos la ciudad será engrandecida".[2]

---

[2] **Biblia RVR1960.** Proverbios 11:10-11

De lo inexplicable

A

I

La esencia de las cosas no está en la materia,
En cambio, la sustancia está en la transparencia.

II

Lo tangible es inmaterial,
En cambio, lo intangible
permanece.

III

La materia no es el cuerpo,
En cambio, sí es la transparencia.

IV

La transparencia,
En cambio, permanece
en el cuerpo.

B

I

Un viento de voces que no saben qué decir,
Llega a mi garganta.

II

Remolinos suben a mi cabeza
Buscando entre palabras desordenadas,

III

Bajan a caudal en forma de viento,

IV

Llegan hasta mi voz palpitante
Que no habla.

V

Me trago el viento de la noche.

Ruinas de un amor

Un hombre camina de regreso a su casa, lleva las manos atrás
con los dedos entrelazados como signo de haber cumplido
satisfecho lo que en sus manos estaba.
Acaba de dejar en la esquina una caja repleta de recuerdos,
    de ilusiones, de tiempo acumulado que no volverá.
No hay marcha atrás.
Ha dejado de ella cartas, moñitos, ropa, prendedores,
    diademas, pulseras y su lápiz labial favorito.
¿Para qué martirizarse en la penumbra del recuerdo al cerrar
    la puerta?
De poco le servirá,
Regresará, se pondrá frente a la puerta, abrirá y, después de
    cerrarla, al voltear, será inevitable no imaginar su silueta
    esperándolo, sentada con su única sonrisa que no puede
    olvidar.

I

Retengo una lágrima en estos ojos que miraron los ojos tan
    tuyos,
Ya no cae, permanece ahogada,
Tú no sabes que guardo un secreto de tu última mirada que
    busco al cerrar los ojos,
Ahora tú tampoco me miras,
Ya no verás mis ojos sonrientes al mirarte,
Ya no veré tus ojos agradecidos de nuestra noche plácida
    después de amarnos
en la intimidad de nuestra mirada complaciente.

II

Ahora tu voz no viene desde fuera, sino desde dentro
    aguardando el silencio
para oírte,
Las voces mueren para buscarlas entre ruinas de la ausencia.

III

Qué pensarás ahora en la tristeza de tu nombre que retengo
    en mis labios
Y en el aire que no veo tu ser,
No palpo el latido de tu cuerpo exiliado de mis
    pensamientos
Que en tu nombre permanece
Y no olvido.

IV

Quiero rescatarte de la nada
De un tiempo suspendido y sin destino,
De las horas muertas,
De los vacíos días, pero nada de esto existe,
Los días existen con sus horas,
Y tú caminas ahora
Sin mi tiempo.

Antes y después de llorar

Antes.

/ amor / dueles /

   / la ternura / tu risa / el perfume /
                                       / dueles /
/ tu rostro / las caricias /
                       / un beso / tu voz /
/ tus movimientos /
                    / dueles /
             / en el pecho / en los ojos /
                   / Amor, dueles /

Después.

/ no vuelvas /
         / no volveré /
/ a ti /
    / a mí /
        / al amor / /vete lejos/
/ regresaré /
        / solo / solo /
/ sin ti /

Canción a tu recuerdo, ven

De este lado llueve y tú no estás,
Escucho las notas de la lluvia y tú no estás,
Canto las canciones que solía cantarte y tú no estás,
Ven, ven un momento y luego si quieres te vas,
Ven para cantarte todas las canciones de amor
Y luego si quieres te vas,
Ven, ven un momento para tomarte de las manos
Y luego si quieres te vas,
Ven, ven sólo un momento para acariciar tu rostro con
    suavidad
Y luego si quieres te vas,
Ven, ven para dedicarte todas las canciones de amor,
Ven para darte una caricia, ven,
Y luego si quieres te vas,
Ven, ven para cantarte todas las canciones y llorar junto a ti,
Ven, ven para para tomarte de la mano, darte una caricia,
    un beso
Y luego si quieres te vas...

Canción para los dos, ven y vamos

Ven, vamos a abrazarnos esta noche cuando cale el frío,
Ven, vamos a acomodar nuestros cuerpos dispuestos al
   amor,
Ven, vamos a presentarnos ante la noche que diario nos
   contempla,
Ven, vamos a acariciar nuestras cicatrices para no sentir el
   reproche de las heridas,
Vamos a compartir la noche para encontrarnos hasta en los
   sueños,
Ven y vamos soñado juntos para que al despertar vivamos
   juntos nuestra realidad,
Ven y vamos acomodándonos nuestras almas para que se
   contemplen y nos podamos mirar sin mentiras,
Ahora ven y cantemos a la noche nuestro lenguaje,
Ven,
Ven y vamos a amarnos aun en la oscuridad.

De la afirmación a manera de interrogante

I
A qué vine
      A qué vine
Me pregunto quién en realidad soy
      Ya no soy el mismo de ayer,
El de hace un minuto
      Entonces
      Quién seré mañana

II
Qué conozco
      Cuánto sé
Si me sé
      Conozco todo

III
No sólo me sé y reconozco
Soy como el cerezo
      Que florece a su tiempo,
Entonces, vuelvo a renacer.

Destinos en compañía

I

Dos elegantes damas discuten sobre una misma fecha,
    interés en común,
Es una plática interminable.

II

Dos niños en el juego pelean por una pelota, se agarran
    a golpes en su medida proporción, se dan pequeños
    puñetazos y puntapiés, al breve termino,
Se abrazan.

III

Dos caballeros elegantemente vestidos uno con un puro
    en mano y el otro con un cigarrillo, discuten acerca de
    religión, política y filosofía, se disgustan con frenesí, en la
    discusión resalta y terminan hablando del sexo femenino,
Se reconcilian.

IV

Dos ancianos sentados en la banca de un parque hablan de
    su vida, observan a la vez a los interminables niños, a los
    jóvenes paseando, en la esquina pasa un cortejo fúnebre
    lentamente,
Ellos guardan silencio.

V

Dos niñas juegan por largas horas en la casa de muñecas,
  amueblada, ordenada, limpia, ellas son maestras,
  doctoras, se miran, y se sueñan,
Formando una familia.

Desafíos del pensamiento inevitable

Cada noche
En la misma habitación
En esta misma silla
Rodeado de las mismas cosas
Y los mismos libros,
En este momento *pienso*,
Y rompiendo con el conocimiento convencional
Y con todas las leyes tradicionales de la física y derivaciones
    aplicables
Mi pensamiento ahora *te piensa*,
Y atraviesa materia, aire, luz, distancia, cuerpos animados,
Que en forma recta u ondulada viaja,
Y llega a ti en un "te extraño" y yo como respuesta
Recibo exactamente el mismo código cifrado de ti,
que ahora, en este instante, llega con las mismas palabras.

En mi locura

Ahora que te encuentro,
Déjame verte a los ojos para saber un poco de ella,
Recordarla en ti,
Déjame encontrarte un parecido a sus ya muchas
    coincidencias,
A sus coordinados movimientos,
Ustedes que llevan la misma sangre
Y tú que puedas verla a los ojos,
Mírame bien para cuando la vuelvas a ver
Sepa que la vi en ti un instante…

En el común de los días

Te quiero en lo cotidiano, en lo absurdo,
En lo innecesario,
Te quiero en lo aparentemente simple de los días,
En lo rutinario,
Te quiero ver haciendo lo que hace todo el mundo,
Verte tomar una taza de café y un pedazo de pan junto a mí,
Te quiero ver frente a la ventana,
Viendo el atardecer o alguna nube extraviada,
Quiero escucharte hablar de lo común de algún día de
    trabajo,
Oírte hablar de la amiga leal y de la compañera conflictiva,
Te quiero ver sonreír en alguna mañana,
Te quiero simplemente
Y nada más como mi complemento
En esta vida que tenemos en común tú y yo.

Solo

1

Entre escaleras y estrechos pasillos del silencio
Subo, ando, recorro, bajo,
Me detengo, quiero correr,
Nadie me persigue, sólo mis pasos y yo,
Vuelvo a detenerme, volteo,
Camino sin pausa, sonrió,
Estoy avanzado
 Sin prisa.

2

Te veo,
Sangre mía y tuya,
Compasión compartida,
Amuleto de los días,
Mi voz, tu voz,
Fiel consejero,
Animador incansable,
Consciencia en la que habito,
Pelea de pensamientos,
Te escucho, y te hablo,
Me hablas, guardo silencio,
Caminas, volvemos a avanzar,
Solos.

3

Me estoy quedando solo, solo,
Es mi soledad la que asusta,
Es mi búsqueda por encontrarme cada día,

Es mi silencio que ahoga,
Ahora me asusta el ruido de las voces disonantes
Y la risa discordante,
Mi antagonismo al tumulto por reencontrar a Dios en el
  silencio,
En mi silencio,
Pero no estoy solo, solo,
He encontrado en las voces de la creación mi alivio
Para esta mi bendita soledad.

Despedida anticipada

Tiempo

El tiempo sigue su marcha,
Como péndulo no se detiene en su inercia,
Se aferra a continuar como un río a caudales,
Como la nube avanza y no vuelve,
Como el aire que recorre incesantes distancias,
Pasa y se va,
El tiempo no perdona,
No distingue,
No reconoce,
Unos se aferran,
Otros quieren escapar,
Pero sabiamente, Dios,
Pone a cada uno, en su justo momento,
Ante el preciso instante del breve tiempo que no se detiene.

En el instante

I

Estoy en este instante
Fugaz,
Vivo, consciente,
Existo y soy
Junto a otros semejantes,
Dialogamos
Que seremos, que fuimos,
En un tiempo que es de nadie,
Que es instante, que es eterno,
Pasajero,
    ¿Me reconoce Dios?
Creación,
  Invención,
       Fusión,
Cuerpo que proviene de la Divinidad
De la perfección,
De lo natural, de ambos, misma creación,
Mi permanencia es temporal como el viento,
O como el río que avanza,
Que cruza y abre camino
Ante el universo que es eterno y suspendido.

II

Todo es movimiento en el universo,
Avanza,
   Todo gira,
Tú giras en mi mente,
Todo da vueltas:

                  El recuerdo

        Lo natural   Los planetas

           Los iones,
Todo es círculo,
   La sangre regresa,
Niñez, vejez,
Un ciclo "redondo",
El mar se dispone con la luna,
Vida y muerte,
Todo al final vuelve a su justa dimensión,
Todo al final vuelve a su preciso lugar.

Muerte y vida

I

Noche que transcurre,
      Tiempo que se va,
Latir del corazón, ritmo exacto,
Destino incierto de los hombres,
Único camino que es vivir para morir
      O morir para nacer,
Un solo camino,
      Una luz,
Un olvido,
      Para amar,
Soñar,
      Perdonar,
Sólo para vivir.

II

Todo es un instante,
Nacemos y morimos,
Las palabras quedan en el eco, se alejan,
Tu mirada rehúye después de amarme,
La estrella viaja y la llevamos,
Mis manos dejan de esculpirte una y otra vez,
Tu risa una lágrima congelada,
Mi llanto una risa ahogada.

III

Todo es instante,
Abres y cierras los ojos
Tu imagen vuela,
Todo se desvanece y cambia
Tu beso se consume
Te lo llevas
Dejamos de existir.

Breves partidas

¿En dónde están, amigas?
Elizabeth, Diana, Marisol,
Se fueron en su juventud,
Compañeros y amigos,
Javier, Enrique, Carlos, Martín y Miguel,
¡No se han ido del recuerdo!
Siguen entre nosotros, en la memoria,
Aún veo su sonrisa,
Sólo estarán ausentes por un tiempo,
Pero ya nos veremos,
Nos encontraremos,
¡Alegres!
Nos recuerdan el camino
Por el que no se regresa nunca más.

Del verbo dormir

I

Pareces vivo, quieto, soñando…

Duermes eternamente,

Y tu cuerpo, que fue movimiento, ahora permanece inmóvil,

Sin voz ni sollozos, sin canto,

Cierras los ojos en tu finita existencia,

¿Qué ves? ¿Dónde estás ahora?

Dejaste de ser, de estar,

Ahora te envuelves en tu propio cuerpo, en tu piel,

Te envuelves en tus propias alas recogidas,

Tu vuelo al fin se detuvo,

¿Qué ángel te acompaña de la mano?

Caminaste,

Corriste,

Sentiste el agua del cielo en tu ser,

Te sumergiste en ti mismo, descubriste las entrañas de tu
    cuerpo,

Palpitaciones, emoción o dolor,

Conociste el amor y la traición,

Ese fuiste tú, alegre, distraído o distante,

Pisaste esta tierra fecunda,

Te cubrió el techo celeste y te golpeó el aire del viento de
    la rosa,

El frío de la lluvia te empapó, charcos de ella

En donde alguna vez jugaste, infante,

¿Dónde estás ahora?

¿Entre quiénes?, ¿con qué cuerpo, con qué nombre?

¿Ahora quién eres? ¿Qué haces, qué harás?

Fuiste células, brillo, luz

En la inmensidad infinita del universo,
Fuimos existencia, seremos pasado,
Llevamos el mismo destino,
Uno a uno entraremos por la misma puerta celestial,
Escucharemos los cánticos angelicales que nos llaman
    y reciben
Una luz inmensa nos acoge, un brillo, un ser divino
    y Supremo,
Y veremos desde lo alto a nuestros seres queridos
    diciéndonos
Adiós.

II

Ahora mi luz se ha ido,
No hubo tiempo de despedirme,
Ahora me sorprendió lo que un día llegaría,
No tengo miedo, no tendré miedo,
Siento tanta pena y tristeza,
¡Cuánto tiempo perdido!
Nadie lo comprende hasta estar en este lecho silencioso,
Ahora ya no soy, ya no existo,
No puedo decirles dónde y entre quiénes estoy,
No volveré a existir, o, si ya existo,
Redimido, iluminado,
Quiero volver a reencontrarme con ustedes,
¡Eso quiero! Es una promesa y no mía,
A ustedes, los míos que tanto amé,
A los que me enseñaron y crecí,
Agradecimiento a su encuentro preciso,
Pero ahora soy de la tierra,
Y seré fecundo una vez más,
Mi espíritu siempre fue de Dios,

En cambio,
Yo seré siempre de ustedes en
Su honesto recuerdo.

III
En este nuevo destino digo:
(El nacimiento es una fiesta,
 la muerte debe serlo también),
Venimos de lo divino, volvemos allá,
Mis sentidos fueron agudos a lo bello y natural con su
     música,
Ahora entiendo la palabra "sonoro" de un poeta,
lleno de mi propia vida, de amor y besos,
Aprendí de mi cuerpo en el dolor,
De mi carácter, derrotas y tristezas
Resurgí una y otra vez,
Doy gracias porque fui,
Soy y seré en ustedes,
No me despido,
No digo adiós,
Sólo me he adelantado en este camino que tiene la vida.

1. Cuando ya no esté

Cuando deje de respirar
El mundo seguirá girando.
¡Los que respiren, alaben al Señor dice un Salmo!
Los amantes seguirán buscándose,
Los niños jugando,
Las nuevas madres amamantando a sus criaturas,
El reloj seguirá avanzando,
El mar seguirá con su oleaje,
Las puestas del sol con la primavera,
Los trenes avanzarán al destino del viajero,
Los hornos de las fábricas seguirán humeando,
Los obreros cambiarán de turno, un hijo, la madre, o esposa
    lo esperarán.
Y yo…
Dejo de estar,
Casi nadie lo nota,
El mundo seguirá su destino,
Sólo lo notarán los cercanos,
Un pequeño círculo, una célula del tejido universal,
Un punto de incontables galaxias;
Yo, en cambio,
No pisaré más esta tierra,
Pero para entonces no habré sentido dolor
Ni tristeza de verme tendido inerte,
Silencioso,
Inmóvil, callado,
Sin nada que decir,
Sin nada por hacer o corregir,
Sin tiempo para el llanto y perdón,

Sin el último abrazo.

Se agotó mi tiempo previamente escrito, determinado,

Mi mundo más cercano se detuvo momentáneamente,

Impávido a la reflexión,

Un poco a la tristeza a la incomprensión de la muerte,

A lo inevitable que a cada uno llegará.

Tuvo sentido vivir,

Hacer o dejar de hacer,

Haber amado o lo opuesto, lo sembré…

¿Dónde estaré en el instante de la muerte?

Me habré ido a otro plano, uno mayor que este,

Escuchando un coro de ángeles con luz resplandeciente

O voces aterradoras que yerguen de la oscuridad
    acechadora,

No existe otra lógica para mí,

Los buenos seguirán buenos después de la muerte,

Entonces donde yo esté, lo gané,

Lo tuve por ganado,

La verdadera justicia se dictó irreparable,

Inatacable, irreprensible,

Sólo yo sabré mi destino final, pulcro,

Si habré sido recompensado con júbilo o estaré desdichado,

No tendré palabras,

Callaré,

    Aceptaré,

Sólo yo habré aceptado la justa sentencia divina.

2. Post mortem

Cuando ya no esté
No quiero rezos y letanías
Ni llantos ni lamentos,
Un poco de silencio, no el de tristeza
Sino del silencio con el que cae la noche y el alba,
Y en el día, ningún color negro sino blanco quien esté,
Sea uno o dos, o nadie,
Hice lo que creí justo para retener la promesa inmerecida
de mi humilde corona,
Para conocer el sublime trono y a su Majestad
Y eso me basta,
Mientras mi cuerpo dormido vuelve al barro,
Lean poemas, recítenlos,
Que fueron alimento al alma mía,
Canten Salmos, que fueron mi alimento espiritual.
Para entonces mi morada celestial habré ocupado
Y yo desde ahí, uno a uno, esperaré a mis amados
Cuando llegue la hora irremediable,
elegida por el Rey y Señor.

Cerca del final de una historia
Nuevos tiempos 2019-2020

Incomprensión

Este silencio me suena a tedio,
A rencor guardado (no sé de dónde viene),
A desolación o incertidumbre,
Todo cambia de un momento a otro,
Nada hay definido,
Mis planes no sirven, no son los míos,
O es que es una pausa en este recorrer,
Una advertencia,
Nada será mi propósito ni mi destino,
Son mejores los planes de Dios,
No hay lugar ni hora,
Todo es etéreo,
Todo es minúsculamente temporal,
Un breve ciclo determinado,
Un suspiro arrancado,
Una mirada hacia atrás
Con un destino aún en marcha.

De una pandemia

¿Qué es todo este silencio?
Toda esta soledad
¿Qué es todo esto que ahora se llama aislamiento?
Tú, desde los cielos lo permites para que subamos la mirada
y como unos niños asustados
¡Te busquemos!
En ti, reencontrarnos con nosotros mismo
Entre tanto ruido y miseria humana,
Sólo así,
¡Sólo así escuchamos Tu voz hecha palabra!

De la Divinidad

Hombre y Universo

I

Reducto de vida universal irreductible,
Manojo de pequeños huesos,
Calcio planetario,
Somos barro cósmico,
Tierra y agua igual a polvo constelar,
Materia igual a cuerpo,
Vino el aliento de vida dado

                        al hombre,
        Y vivió.

II

Y el polvo volvió a la tierra,
Y el espíritu vuelve a Dios que lo dio.

III

Hombre y Universo creados
Por el mismo Verbo.

Juan el Bautista

Como suave viento arribaste desde el desierto,
Caminaste hasta el río entre insectos y miel silvestre,
Y como vendaval clamaste,
  Anunciaste,
Para abrir la brecha, allanar y corregir el camino,
¡Oh bendita misión! gran profeta,
Dar testimonio con agua al
  Unigénito,
A Aquél que cegará con su mano derecha,
Al que bautizará con fuego,
Aquél al que el mundo no le recibió,
Y que descendió a lo profundo,
El que ahora está sentado a la derecha,
El que ejerce amor y justicia,
El mismo que fue, es y será
  Por la eternidad.

El madero

Una Cruz nos siente,
Nos oye desde una astilla, una espina o lanza,
Nosotros somos la astilla y el látigo,
El dolor infringido a un inocente,
Clavado,
¿Qué culpa tuvo Él de mí?
La ignominia es mía,
Yo merezco ser clavado, lacerado, sobajado,
Él se dejó por mí y los míos, por muchos,
Fue su inmensa compasión,
¿Qué culpa tuvo Él, si nadie le cree?
Nadie cree en el número tres, ni en el número siete, ni en el
    setenta veces siete,
Nadie cree en la desventura del destino premeditado
En una estatua de sal,
O en la pelea férrea de dos colores cada día,
El bien y el orgullo,
Nadie creyó en la victoria anticipada cuando el velo
    y el monte se partió en dos,
Nadie cree que en la gloria los cielos se abrirán,
Hasta entonces, ni una *j* ni una tilde pasará como el cielo
    y la tierra,
Entonces todo se habrá cumplido.

¿En qué parte del cielo?

¿En qué parte del cielo están los poetas reunidos?
¿En qué parte del cielo escriben y recitan, intercambian
   versos y estrofas?
¿En qué parte del cielo están los que le escribieron y
   reconocieron a la creación?
Los que enviaron palabras a los cuatro puntos cardinales,
A lo real con su esplendor que aún vemos,
A los que escribieron a lo alto del cielo y lo profundo de las
   entrañas de la tierra,
A los que reconocieron la creación en sus estrofas,
A los que escribieron a la desafiante muerte,
Y a los que le escribieron a la victoriosa resurrección,
A los que le escribieron al perpetuo amor como esperanza
   y consuelo de la humanidad,
¿En qué parte del cielo están los poetas y trovadores?
¡Los del canto libre!
Ellos que levantaron la voz a la injusticia y empuñaron la
   mano a través de la palabra con el canto de protesta a la
   dureza humana justificada en un gobierno,
A los que fueron prisioneros, mutilados y ejecutados en
   defensa de la libertad e igualdad,
A los que pelearon por la justicia social.
¿En qué parte del cielo están todos ellos reunidos ahora?
¡Siguen clamando justicia para los de abajo,
Para los oprimidos y olvidados!
Sus letras
Serán ahora escuchadas ante el clamor.

Del Génesis

…Y no sólo se dijo, "Sea la luz y fue la luz"[3]
Y con ella se hizo la música,
                    La pintura,
                        La literatura,
                            La escultura,
                                La danza,
Y todo el arte,
                    Y con el arte llegó la mujer…
Y todo el aire se llenó de belleza
                    De la mano del Creador.

---

[3] Biblia RVR1960. Génesis 1-3.

Incredulidad

…Y el soplo de vida fue dado,
Y en cada respiración el ateo sin saberlo te menciona
Al nacer y morir sigues presente en nuestros labios,
Inhalamos y exhalamos vida,
Como dice el poeta:
"…no lancemos jamás
a lo invisible nuestra negación como un reto.

Pobre criatura triste, ¡ya verás, ya verás!
[…]
el celeste secreto!"[4]

---

[4] "Yo no soy demasiado sabio", Amado Nervo.

Exhorto de fe

Que mi humilde voz se plasme en papel y tinta
Porque mi voz tarde o temprano se apagará,
Que sepan los incrédulos y egoístas
Que existe un Dios,
Reinará y gobernará implacable,
Creador, hacedor
Justo y perfecto,
Tarde o temprano verás su mano,
Acércate antes de tiempo,
¡No le busques en el dolor, necio!
Sigue su senda, su paz,
Busca su gloria, encuentra su reino.

En un día más

En un despertar,
En una mañana más,
Voy rumbo al trabajo, para convivir con lo cotidianidad
 del día,
Del tedio del tráfico, de las imprudencias y prisas,
Con nudos de pensamientos en cada conductor,
De la paz de unos y voces monstruosas de otros,
De sus asechanzas y miedos,
De sus luchas diarias,
De lo desquiciante para unos la vida,
Y alegría para otros,
En medio de noticas sangrientas de una y otra ciudad,
De las guerras en unas partes del mundo,
Hoy,
No es cualquier día,
Hoy,
En medio del tumulto siento tu presencia,
Una noche previa,
Inclinaste tu oído a escuchar nuestro sentido clamor,
Y en el transcurso de una madrugada
Como en los tiempos antiguos actuaste con soberanía,
Y yo sólo digo con humildad en el presente,
Gracias Señor.

Entre nosotros

I

De la imaginación te pusieron rostro y lo llamaron arte,
La necesidad de buscar tu rostro se plasmó en pinceladas,
Y se escribieron sendos poemas y se compuso música en
    tu honor.
Nunca se llegará a lo verdadero sublime por bello que
    parezca,
Ni las grandes obras maestras se acercarán a lo divino,
Oh, Dios visible y encarnado, que no vimos, ¡Cristo!,
Gran misterio nos persigue,
¿Cómo eras cuando viniste a la tierra?
  ¿Cuál era tu estatura?
      ¿Tu noble sonrisa?
          ¿El tono de tu canto en los Salmos?
            La paz de tu voz,
              El brillo resplandeciente de tu espíritu,
              ¿Tu semblante triste, decepcionado?
                ¿Y tu regocijo cuando mirabas al cielo
  y clamabas al Padre?
                  ¿Cuál era tu expresión al ver un niño
  acercarse a ti?
                  ¿Cómo orabas en silencio lejos
  del tumulto?
¿Cómo era la quietud divina cuando dormías como en
    la barca?
También sabemos que lloraste,
¡Y tu regocijo al sanar!
Defendiste y alagaste a la mujer y al niño,
Y tu carácter impoluto,

Imagínanos tanto,
Nos justificamos en el arte para interpretarte, equívocos,
para imaginarte, para acercarnos erróneamente a ti,
Dicha de los que te vieron pero no creyeron.
Yo sin verte,
Te reconozco en el arte de tu magnifica creación.

II

Pinturas de tu imagen, miradas insospechadas
Y sufrientes,
Oraciones para burla del ateo, teorías blasfemas,
Filosofía incoherente,
Ciencia malentendida,
En cambio,
yo con humildad
¡He de exaltarte! magnifico ser divino,
Ese es mi deseo,
Ninguna religión me obliga,
Ni la costumbre ni tradición,
Sino mi plena y única voluntad
De adorarte mi Soberano Señor.

Oh Padre

¡Oh Señor mío!
Te aclamó y te alabó, Padre,
Mi alma te busca sediento hoy.
Das vida día a día en tu perfección,
Das voz en el amanecer y clemencia al anochecer,
Tu mano poderosa en el alba y en el arrebol día a día está.
Cuán maravillosa es tu presencia en medio de los que
 te amamos,
Delicioso es tu alimento que envías del cielo a la tierra
 y del cielo al mar,
Tu aroma es fragante antes y después de la lluvia en el
 jardín, como el rocío de la mañana,
En el paisaje están tus colores como en el mismo arcoíris,
 en el insecto y las flores,
Tu luz se refleja en los ojos de quien en ti permanece para
 siempre.

Oración de Piedad

A ti, Padre creador,
Quiero verte el día de tu regreso,
Quiero verte descender y arrodillarme ante ti,
O si me llamas a tu presencia
Quiero conocerte,
Ver tan solo tu majestuoso resplandor divino,
Y si en tu amor y justicia
Es tu voluntad privarme de tu presencia,
Lo tendré por merecido,
Pero si hay perdón en tu infinita bondad
Y me llevas a tu reino,
Te seré humildemente fiel y aun te amaré más
Para servirte con el corazón.

Tu gran voz

Una vez más el silencio invade mi ser,
No es el silencio,
Es la voz que reconozco, que me llama,
Me invade el miedo de alejarme,
No quiero caminar a la orilla de un mar tempestuoso
Ni naufragar en olas turbulentas
Ni hundirme en tinieblas ardorosas,
¡Quiero seguirte a ti, oh Dios!
Seguirte por la luz resplandeciente de tu majestad,
Por el destello de tu gracia soberana,
Quiero reconfortar mi alma con tu divina presencia.

Alejado de ti

Abatida mi alma se encuentra lejos de ti,
Mi tiempo se acorta sin darte frutos,
Indigno obrero para tu obra soy.
He derrochado mis dones y talentos para tu magnificencia,
Mi corazón se vacía sin ti,
Mis errores de juventud me siguen,
Quiero rescatar mi heredad que son tus hijos, mas no
    los míos,
Si sucumbo por merecido, te los entrego, tuyos son,
Sé su roca, su castillo,
Su baluarte, su fortaleza,
Dales bondad, gracia y misericordia,
Nunca te alejes de ellos y de sus generaciones,
Mi herencia única será que ellos busquen siempre
    tu grandeza.

Ansiado regreso

I
Porque me alejo de ti
Del verdadero amor
Del que me defiende y libera
Del que me cubre y salva,
Necia es mi alma
Mi paz se perturba
Mi sueño alejado de ti
Mi mundo cambia y se altera
Y mis pies tropiezan,
Nada soy sin ti, gran Señor,
Nada se puede sin ti
Sin tu verdadero y magnifico amor.

II
Tengo que volver a ti
Quiero volver a tu comunión
Quiero tus brazos en mi alma
Y mi espíritu en tu presencia.

III
Volveré, un poco más de tiempo,
Casi nada o nada,
No me cortes de tajo, no me arranques,
No me abandone tu mirada,
No se aparte tu oído de mi voz,
No me expulses, repulsivo.

IV

Encontraré el camino de vuelta
Ansioso, volteo a la senda que no debí dejar
Buscaré la puerta angosta
La luz
La fuente de agua
Me saciaré de tu paz y la hallaré
Mi corazón se alegrará
Y mi paz volverá ante tu divina presencia
Mi gran Señor y Padre celestial.
Volveré como el hijo pródigo.

A ti, Padre

I

Selah
He oído tu voz
Y Tu respuesta divina
Inmerecido soy de tu gran misericordia
Gracias, Padre celestial, por tu gran amor y bondad
No pido riquezas, ni vanidades, ni arrogancias,
Sólo un poco de entendimiento y basta humildad
Quiero servirte, ayudar a tu gran obra,
A lo más alto y eterno,
A lo sublime y majestuoso,
Quiero estar en tu reino lleno de poder y gloria,
Quiero ser el más sencillo en tu gobierno y permanecer en él.
Aquí estoy
Un día más te ofrezco mi vida,
No sé qué tengas dispuesto para mí, sólo tú, Señor,
Sólo tú conoces mi destino.
Soy de ti, Padre mío.

II

Apiádate de mi familia,
Escúchalos, inclina tu oído a ellos,
Y a todos los que te buscan, a los justos y buenos,
Ellos te conocen en su corazón,
Sé fortaleza en las pruebas,
Ellos te buscan y aman,
Ten misericordia,
Dales abundancia en paz,
Señor, grande es tu amor.

244

III

Creador de cuanto existe eres,

Tu poder es inigualable,

Nadie, ni mil naciones juntas te hacen frente (como
profetizado está),

Ni diez mil legiones del mal pueden contra ti (como
demostrado está),

Eres el hacedor del aire,

De cuanto hay en los cielos y la tierra,

En lo que vemos y no conocemos,

Grande eres Señor,

Bendita santa es tu presencia,

Nadie encima de tu gran trono,

¡Oh Señor Glorioso!, ante ti rendido estoy.

IV

Grande es tu misterio, poderoso Dios,

Tu rostro, resplandeciente aún, escondes,

Pero tu grandeza es altamente visible en creación,

Desde aguas poderosas y cielos profundos,

Grandes relámpagos con tu mano controlas,

De la lluvia y truenos al rocío de la mañana fue tu parecer,

De la flor más delicada y colorida al cantico más bello y sutil
fue tu placer,

Del minúsculo animal, al más feroz depredador tu
consientes,

Oh cuán grande es tu bondad a los que te buscan,

Cuán majestuosa es tu misericordia a los que te alaban,

Gran Señor, dueño de cuanto existe y se mueve en armonía
por tu voluntad,

Todo está bajo tus pies,

Grande eres en tu trono portentoso en las alturas.

V

Tu música celestial la compartes
Con el canto del ave y el susurro del amanecer,
Compartes tu resplandor en la plenitud del día,
No adormeces ni tu mano descansa,
Tu creación sola reposa cada noche,
Como los planetas y el latir del corazón no descansan.
Por tu gracia y parecer, mientras me dejes vivir, oh Señor,
No dejaré de alabarte mi gran Creador.

VI

Me has bendecido con tu heredad,
Me enviaste hijos por tu gracia,
Tú, Señor, los formas en el vientre que escogiste,
Tú los formaste desde el embrión,
Tú conocías su rostro antes que sus padres,
Tú conocías sus miedos y risas,
Los cuidas y los sustentas en bondad,
Gracias por tu amor,
No los dejes, bendito Padre,
No te apartes jamás de ellos,
Ellos buscan tu rostro, esa será mi herencia,
Que conozcan tu mano y tu palabra,
Que busquen el cielo donde está tu trono,
Que te alaben cada mañana y vean tus maravillas
Cada instante como al latir de su corazón.
Eres generoso, gran Señor.

Despedida

Nunca se sabe cuándo uno dará el último halo de vida,
El último suspiro pronunciando tu nombre, Señor,
Ese transparente hilo conductor entre la vida y lo divino,
Hilo finísimo y frágil entre la vida y la muerte
Del que pende el cuerpo con el espíritu,
La luz y lo desconocido.
Antes de que me sorprenda
He dejado plasmadas estas letras que brotaron del corazón
    para la eternidad…

Cuentos y una crónica

El apóstol secreto

Hubo un hombre que rondaba por las tierras de Galilea, Judea, Samaria y toda la región que hoy se llama Tierra Santa. Como incontables pobladores, escuchó de los milagros y maravillas realizadas por un hombre esplendido, brillante, sabio y humilde, y con todos los buenos calificativos que el Rabí de nombre Jesús hacía resplandecer con su sola presencia.

En uno de tantos tumultos quedó conmovido al ver los prodigios del único y verdadero Maestro, logró acercarse a alguno de los doce con una buena conversación y preguntas, se ofreció a ayudar no sólo de palabra sino de acción, estuvo en un segundo o tercer frente de los doce principales; no fue un poblador más, subió, bajó, corrió, sirvió, atendió, obedeció; fueron notorios sus honestos, desinteresados y amables servicios. Nadie supo su nombre, o tal vez unos cuantos lo sabían entre sus iguales, trabajaba arduamente, en secreto, para servir al Maestro primeramente. Aprendió las palabras de su Rabí, las enraizó en su corazón y las llevó a la práctica para ayudar a los necesitados, como eran los desamparados en hambre y enfermedad.

Tuvo por un tiempo la necesidad de alejarse del grupo por causas ajenas, como fue el sustento a su familia, pero donde pisó nunca descansó, no perdía tiempo en seguir con lo aprendido a favor del Rabí, difundía los milagros que hacía su Maestro, contagió con su ejemplo a otros tres o cuatro hombres que también ayudaron a difundir la doctrina de las Buenas Nuevas, convencidos desde su alma y mente.

Cuando empezó la persecución, no huyó, no lo negó, ni cantó ningún gallo, no recibió monedas y jamás dudó; continuó su labor. Cuando supo de la resurrección trabajó incansable, al doble, ahora ya no para su Maestro sino para su Señor. Obró ahora a favor del reino, oró incesantemente por los afligidos, como lo había aprendido, dirigiéndose al Padre. Después de un tiempo, antes de la cruz, en alguna aglomeración uno de los doce, el más joven, el amado, se acercó y le dijo al Rabí:

—*Maestro, hemos visto a uno que echaba fuera demonios en tu nombre; y se lo prohibimos, porque no sigue con nosotros.*[5]

Jesús dijo:

—*No se lo prohibáis; porque el que no es contra nosotros, por nosotros es.*[6]

Fue así como sentenció categórico el Rabí finalizando el asunto del apóstol del que hasta hoy en día desconocemos el nombre.

[5] **Biblia RVR1960.** Lucas 9:49
[6] Lucas 9:50

La última esperanza

"Te dedico la luna", me decías, y yo salía a verla.
"Eras la luna de mis noches", te decía,
y tú cubrías mi cuerpo.

¿Por qué te fuiste, por qué no estás en esta luna llena?, se cuestionó para sí. Cada noche el recuerdo le era insoportable, sucumbió al dolor y a cierta amargura hasta que pensó en salir a buscarla en la pequeña ciudad del puerto, decidido a encontrarla. Salió una noche cuando las calles enmudecían, cuando la luz tenue de los faroles alumbraba el vaho del mar y la neblina. Caminó durante largo tiempo, veía viejas puertas carcomidas por la polilla, alzaba la mirada a ventanas obscuras y a otras a media luz tenuemente amarillentas; recorrió en silencio los establecimientos, panaderías, boticas, barberías, pequeños bares y las casas donde sus habitantes descansaban, sólo él y sus pasos recorrían las calles vanamente para reencontrar a su amada. *Tiene que salir, asomarse por una de estas tantas ventanas. Al escuchar los pasos pensará que soy yo en mi búsqueda de ella.*

Así eran las noches: recorría las calles, las plazuelas, subía escaleras, entraba por pasillos, puentes, recorría hostales, daba vuelta a la última fuente y continuaba sin cesar, sin encontrarla, sin saber de ella. En uno de tantos recorridos se percató de una puerta semiabierta, tal vez por descuido, y a través de ella vio un patio que servía como depósito de queroseno; podía tratarse de la casa de un encargado de rellenar los faroles de la pequeña, mística y antigua ciudad. Siguió su búsqueda musitando para sí:

—Tiene que salir, presentirá que soy yo, se asomará por la ventana, me mirará, bajará corriendo, abrirá la puerta y vendrá enseguida hacía a mí a estrecharme sus brazos —eran las mismas palabras cada noche, los mismos pensamientos que lo taladraban como una música grabada en su cabeza. *Debe de haber una manera inefable de hacerla salir.*

El sonambulismo de cada madrugada lo empezaba aturdir, estaba absorto, cansado, desperado, con la ilusión perdida de verla tan solo un momento, sin esperanza y sin darse por vencido, hasta que, decidido, lo intentó una última vez. Entró al depósito de queroseno con el debido cuidado para no ser descubierto, se equipó con todo lo necesario; al fin tenía todo listo y calculado: la hora de zarpar del último barco, la distancia de la última casa al puerto, la ubicación de la precaria estación de bomberos, el pequeño hospital, por si acaso, y fue así como en su último recorrido nocturno y en su última esperanza de verla y abrazarla. Empezó a caminar a la vez que iba rociando en cada casa el líquido encontrado, lo hacía en las puertas de madera, en los marcos de las ventanas que estaban a su alcance, en los negocios modestos y prósperos, todas las casas quedaron empapadas una a una de principio a fin hasta que terminó con la última a las afueras.

Se detuvo, abrió su abrigo, sacó de su bolsillo una cajita de fósforos, se agachó lentamente, encendió uno, su rostro se iluminó brevemente con un flashazo instantáneo, lo cubrió con la otra mano por el aire que pudiera correr, y dispuso el fósforo al liquido esparcido, no hubo necesidad de encender otro, se levantó y siguió su marcha en dirección al puerto, pensó, *tendrá que venir a zarpar en este último barco, vendrá corriendo hacía mí al verme y yo la salvaré.*

Continúo con firmeza hacía su destino sin voltear, hasta escuchar tras él un fuerte estruendo que rompió la calma de la noche, vidrios volaban, crujidos de madera por el fuego que crecía y avanzaba, gritos de gente en las calles, lloridos

254

de niños en brazos de sus padres, sirenas, silbatos, pequeñas explosiones en otras calles, gente entrando y saliendo, mientras él, por un largo tiempo y sin hablar, de pie, con la mirada fija, observaba detenidamente cada detalle de la escena dantesca de un cuadro en el que veía en un primer plano, un barco zarpando lentamente sobre las dunas de un oleaje suave, iluminadas por la luna plácida, y al fondo una ciudad iluminada que ardía en llamas.

Buscó entre el fuego y la gente a la mujer, sin ver a ninguna que se aproximará al puerto. Al no encontrar a su amada, dio la vuelta nuevamente y siguió su marcha para seguir la búsqueda en la salida de esa inmensa sala de museo bien iluminada con cuadros de pintores clásicos mientras la noche seguía cayendo.

El abandono

Desde sus primeros años tuvo un olfato de sabueso y unos ojos que atrapaban de manera especial la luminiscencia, en ambos conectaban de manera inmediata los recuerdos. En una ocasión se vio obligada a asistir a una reunión en un lugar sombrío, entró y de inmediato le llegó una mezcla de olores que creaban una atmosfera llena de vicio, en ese instante sintió un espasmo que le inició en el estómago y terminó en nausea.

Fue transportada en ese momento a algún salón repleto de adultos, todos esparcidos en mesas y en alguna barra con largos bancos ocupados frente a vistosas botellas de vidrio de diferentes colores, el lugar estaba repleto de humo y no pudo distinguir los rostros, recordó que todos hablaban al mismo tiempo, como alardeando, cada cual en su respectiva mesa, otros estaban de pie frente a una máquina que le parecía gigante, toda plateada, como de una época futurista llena de botones, a la que se le echaba monedas para hacer gritar a algunos clientes mientras otros daban manotazos en la mesa. Con la canción en marcha, de inmediato se levantaban a bailar con mujeres de cortas faldas demasiado apretadas y zapatillas con exagerados tacones. Por lo regular eran de grandes y abultadas carnes, pelo rizado, demasiado oscuro o amarillento; las parejas iban llenando el centro del lugar, otros en los rincones se hablaban al oído, otros se daban besos forzados, en otras ocasiones las discusiones terminaban en la calle; los meseros iban y venían con charolas repletas de botellas y vasos, recipientes con hielos, risas abiertas con grandes bocas, miradas desorbitadas, y el humo seguía invadiendo la atmosfera del salón con espejos en las paredes, lo que hacía al salón verse más grande de lo que en realidad era. Ahora sabía que se trataba de cantinas, y que en más de una ocasión había entrado por necesidad.

Mi padrastro, de nombre Albino Rodríguez, pese a ser un hombre bien parecido, con gracia y de cuerpo casi atlético, se convirtió en un hombre que pasó al desprecio, al abandono de sí mismo. Casi toda la semana se internaba en estos lugares por largas horas, unas veces se encontraba solo en la barra, otras en una mesa con supuestos amigos, en otras ocasiones acompañado por alguna mujer con la que se embelesaba entre abrazos y besos, el cariño se veía a flor de piel; otras eran de semblante duro, disimulando con falsas sonrisas que escondían alguna tristeza bajo el forzado maquillaje. En ese momento reflexionó, *hay ciertas cosas que no se pueden ocultar, como una mirada triste, abnegada, de resignación, resultado de algún abandono, decepción, abuso, o váyase a saber el motivo que le orilló a tomar la decisión a dedicarse a esta antigua profesión mientras el cuerpo y la edad se lo permiten, mientras otras más lo hacen por simple gusto.*

Mi madre me tomaba de la mano fuertemente por miedo a que yo, una niña de siete u ocho años fuera arrebatada o jaloneada del cabello o vestido por algún hombre trasformados por la furia, por el desbordamiento que la embriaguez produce, o por alguna mujer frustrada.

El miedo que sentía al entrar en esos lugares frenéticos, en donde el tiempo parecía no avanzar para los hombres que acostumbraban a estar entre esas tinieblas de embriaguez y humo de cigarro, donde se pierde en absoluto la noción del tiempo y no se sabe si es de noche, de día o madrugada, pensó para sí. Recordó que los visitantes eran de lo más variado, los distinguía por las vestimentas, la condición social no era limitante para que todos en lo absoluto lanzarán desaforadas miradas lascivas hacia el par de mujeres que éramos mi madre, una mujer que para entonces estaba en la flor de su juventud, y yo, una simple niña. Avanzábamos en busca de su nueva pareja, tratando de rescatar lo que parecía irremediablemente perdido. Al mismo tiempo nos decían palabras que no entendía y que afortunadamente ya no recuerdo: -Todo era un espectáculo que yo no comprendía.

Las miradas nos seguían desde la entrada, al abrir ese par de puertas que parecían flotantes. Mi madre y yo, ella con la mirada ávida en busca de su hombre, avanzábamos entre los pasillos de las mesas que se me hacía eternos, las manos de mi madre sudaban y las mías también, de miedo, de todo el escándalo que estaba por venir: voces y vasos y la música a gran volumen.

Una vez hallado el objetivo, empezaba el suplicio. Mi madre de inmediato me soltaba y me aterraba, empezaban los jaloneos, los gritos, los vitoreo, las burlas, silbidos, y yo de pie, en medio de un mundo ajeno a las almas más puras que son los niños, me parecía que todos vociferaban, babeaban, todo me daba vueltas. Los gritos me desorientaban, entraba en un trance de pánico, de terror, tenía ganas de salir corriendo pero sin saber dónde estaba la puerta, era imposible. Al fin, después de una eternidad, volvía a sentir la mano de mi madre, que me apretaba con fuerza, recibía un tirón y salíamos a prisa, a veces victoriosa, otras derrotada, salía casi corriendo, llorando, llena de rabia por un hombre que no la amaba, hasta que ella se resignó.

Le costó tardes de soledad y tristeza tendida en un sillón frente a un televisor que no veía mientras su vientre, que acariciaba con ternura, iba en aumento. *Yo sólo la veía sin poder expresarle alguna palabra de aliento, por mi corta edad y por no poder entender los amores frustrados o los que nunca deberían de*

258

existir. Ahora comprendo cómo una persona puede hacer sufrir a
otra sin darse cuenta del daño infringido para toda una vida.

Una tarde se oyó llamar fuerte y repetidas veces a la puerta. Mi madre enseguida puso la mirada en la puerta por varios segundos, sin reaccionar, hasta que le toqué el hombro.

—Abrígate, vamos a tardar —me dijo como presagiando algo fatal.

Era uno de los meseros haciéndose acompañar por otro par de hombres.

—Se trata de su esposo —le dijo con absoluta seriedad —. Por favor, venga con nosotros.

Subimos de inmediato al vehículo que me pareció una lancha larguísima con sillones sobre los que bien cabría una persona acostada. Al llegar, un motín de gente esperaba afuera: los dueños a los que nunca se les veía, meseros, las mujeres de siempre con los cortos vestidos apretados y prominentes escotes, todos en un silencio incomprensible; otros ebrios que no entendían lo que pasaba, aún con sus vasos en mano, y patrullas tardías.

—Su esposo fue asesinado —le dijeron de tajo.

Mi madre me soltó la mano y no dijo nada. Volvió a acariciar su vientre como consolándolo, sólo miró fijamente el par de puertas flotantes de la cantina. Miró sin decidirse a entrar.

La vi en el instante y su mirada era indescifrable, se llenó de terror, miedo o pánico, como si ese lugar se tratara del mismo infierno en la tierra, donde todos los males se conjugaban y donde, no sé si al azar, una vida tendría que cobrarse como sacrificio al rendir culto a los vicios, al de la bebida, esa que trastorna los sentidos y transforma al hombre en un ser completamente desconocido.

Último deseo

Pidió poner su cuerpo junto al mar y fue colocado cuidadosamente a tan solo unos pasos, donde las olas se terminan cálidamente.

Nunca conoció el mar, este fue su último deseo. No pudo siquiera imaginarlo, no vio el horizonte, ahí donde el mar se pierde con el cielo en presencia de un sol gigante, resplandeciente, anaranjado. No sintió el aire, la brisa, ni las gaviotas volando sobre su cabeza; no pudo responder las preguntas que se hacen frente a esa inmensidad, ni sintió nunca la paz que deja al mirarlo, y el mar tampoco lo conoció a él, sólo le habrá llegado algún rumor de su nombre, tan sencillo como un Pedro Leal.

Todos querían llevarlo pero ya no le dio tiempo a ese hombre de talla alta y demasiado delgado, de ideales y de rostro firme pero blando de corazón, de sonrisa tibia, disimulada, un hombre de arduo trabajo, al hombre que iniciaba su día al sonar las campanas a las cinco de la mañana para sacar agua del pozo, al hombre que llevaba las cabras en el monte al caer la tarde, el hombre del campo y del cultivo de las sandías, al hombre incansable en el aula rural y en el surco de la tierra, al hombre de sudor inagotable en la frente y en el pecho, ese hombre de recias manos, un hombre solitario que crio a su única hija que nunca abandonó.

El mar también quiso conocerlo. Al estar tendido él en la arena, ya no pudo sentir cómo se acercaba las olas por instantes y luego retrocedían, una y otra vez, como queriendo reconocerlo, como si estuviera nervioso de su presencia en esta cita inesperada, él sólo esperaba quieto al encuentro, hasta que una ola decidida lo tocó suavemente por debajo removiendo la arena y el cuerpo levemente al sonido del oleaje. Ya las gaviotas volaban sobre él, soplaba el viento, hasta que otra ola menos tímida se alzó y lo cubrió en su totalidad; la delicada espuma acarició su cara, lo reconoció; otra llegó impetuosa, se alzó y cayó con mayor fuerza, hasta escucharse el estruendo de la voz del mar, lo envolvió, lo sumergió, al final lo atrajo, desapareció por varios minutos y resurgió varios metros adelante, flotando en un vaivén lento, meciéndose como disfrutando la estadía. Iba metiéndose cada vez más, hasta que la tarde cedió y un sol imponente fue testigo del encuentro que empezaba a desaparecer, ahora, mar adentro, ya como un punto lejano casi imperceptible fue desapareciendo. Desde entonces habitó en el mar del que ya nunca salió, y que en vida no tuvo tiempo siquiera de imaginar.

La despedida

—No puedo borrar la imagen de papá, me persigue todo el tiempo su presencia, su última mirada llena de tristeza y desesperación. Se apuntó con la punta del arma en el interior de la boca, volvía ver sus ojos estirados, nos veía de reojo con decepción, sin darnos tiempo de hacer nada, cerré los ojos y un fuerte estruendo se escuchó dentro de la habitación, el sonido me dejó sorda, asustada y desorientada le dijo a su madre llorando y temblando incontrolablemente.

El hombre había decidido terminar de manera definitiva con esa situación que ya le pesaba, eran los desprecios constantes que le hacían, la tristeza y desolación pudieron más que seguir luchando no sólo para ganar su respeto y cierto reconocimiento como padre. Nunca se jactó de ser el mejor, pero siempre hizo el mejor de los esfuerzos para serlo, sólo deseaba instintivamente un poco de cariño y siempre quiso lo mejor para sus hijas. La familia le era lo más importante, el circulo social más próximo e íntimo donde el amor es recíproco, donde se forjan los valores, donde nuestra alma se siente reconfortante, llena de tranquilidad y felicidad a diferencia de los embates de afuera, pero, sin ninguna razón o explicación, no lo logró a pesar de haber dado lo mejor de sí, no concebía la frialdad de la que era objeto aun en su propio hogar.

El desinterés había pesado en sus últimos años de vida, a medida que sus hijas crecían, ahora de diecisiete y veintiún años. Su padre las amaba desmedidamente, siempre procurándolas para una mejor vida; tal vez pensó en algún momento que ese había sido el error, el haberles dado a manos llenas. En la medida que corría el tiempo el padre era olvidado, sentía que siempre sobrara en las escenas familiares, parecía un objeto que simplemente se movía y al que apenas saludaban por costumbre. Nunca recibió afecto ni una cordial felicitación por algún logro, reconocimiento o simplemente en un cumpleaños, no sabían nada de él, sólo lo que escuchaban de las pláticas con su esposa, no había el mínimo interés de saber más de su padre.

Se conformó a quedarse callado, a no compartir algún éxito o alegría, ya no demostraba su felicidad, cuando llegó a hacerlo no había ningún tipo de reacción, llegó un tiempo en el que tuvo que ser simplemente amable, lo más cordial posible, siempre sin dejar a un lado la debida exigencia que amerita ser padre y estar al frente de un hogar.

Un día previó a la Navidad, las llamó, diciéndoles que al día siguiente, antes de la cena, deberían escribir una carta sobre todo lo que les inconformaba o desagradaba del padre para saber la raíz de todo lo que le causaba esta congoja, pero nuevamente fue ignorado. Como estaba planeado, las hizo ir a una habitación y cerró la puerta.

La hija menor continúo diciendo a su madre:

—Después del estruendo, yo había imaginado ver lo peor, lo más horrendo, como el cráneo deshecho con toda la masa encefálica esparcida en las paredes; el suelo lleno de sangre con el cuerpo de papá tendido con el arma en mano, pero sólo pudimos ver unos ojos tristes, llenos de dolor e incomprensión, con lágrimas en el rostro que nos miraba fijamente sin decir ni una sola palabra.

El padre, que tenía el arma aún en la mano, la guardó cuidadosamente con un pañuelo, salió lento de la habitación y se fue. Finalmente se había cumplido el deseo que tanto querían, que estuviera lejos de su vista, lejos de su presencia. Ya nunca más volvieron a saber de él, lo habían matado para siempre.

Y se quedó solo

1

El corazón cada día se le acongojaba de tanto amor por un romance lejano o frustrado. Los amoríos que llegó a tener los llenó de pasión, las amaba sin contemplación ni medida, impregnado siempre por un aroma femenino.

Su mayor ilusión y satisfacción era enamorarlas con cualquier tipo de artificio, unos que sí nacían del corazón. Respirarlas, descubrir su sensualidad tendidas sobre una cama lo satisfacía; verlas plenas, majestuosas, desprendidas de sí, absortas después de amarlas. Con el tiempo supo descifrar cada gesto, a cada palabra le daba su justa dimensión, hasta los movimientos más discretos los sabía distinguir. En algún momento se creyó con suerte por la atracción que generaban su personalidad y juventud, se daba el lujo de imponerse retos de conquista, decía:

—Todas tienen un encanto especial que hay que saber descubrir. Todas tienen el mismo deseo, sólo hay que saber cómo hacérselos despertar con sutileza —el fin era saciarse de ellas, absorberlas, dominarlas en el acto, someterlas con tal ternura, verlas en un éxtasis matinal o nocturno, verlas abiertas de alma, entregadas de cuerpo, bañarse de ellas, de su olor, de su intimidad, empaparse de ellas como se hace ante una ola, dejarse llevar, darse vueltas en ese juego del amor, ver sus ojos lascivos, sus labios deseando un beso en el acto, verlas mover los diminutos o abundantes pechos, rodearles la cintura, descubrir lunares, oler de cerca sus largas cabelleras onduladas o lacias, imaginar a una en otra, confundirlas entre voces, juegos, aromas, y hasta recordar ciertas coincidencias entre ellas.

Recordaba que de niño y adolescente le fascinaba observar a las niñas por largo tiempo, en especial a las de grados superiores. Esa atracción por el sexo opuesto era natural, la diferencia era que lo hacía desmedidamente, casi delirante las miraba de lejos sentado en algún escalón, notaba el rubor de las mejillas; si la piel era más clara o más oscura, eso no importaba; distinguía las facciones, le daba una armonía precisa a sus rostros, les encontraba el detalle más bello como los ojos, si eran de un color negro profundo o de un café claro, todas en combinación con las pestañas alargadas; si tenían el pelo castaño, rizado, ondulado o lacio; no perdía detalle de las prendas, de los atuendos, si las calcetas eran más largas que otras, si llevaban moños en los peinados, si las faldas eran tableadas o las diademas tenían diminutas flores. Verlas era una fascinación, era como descubrir una nueva ciencia en la mujer, hacer teorías sobre ellas. Empezó a descifrar sus enojos, caprichos, e incluso sabía cómo contentarlas. Con el paso del tiempo se quedó con esa, si así se le puede llamar, virtud, manía, o simplemente esa atracción tan especial, por este motivo quizá tuvo la facilidad de acercase a ellas.

Con el tiempo las añoraba, cada día se la pasaba suspirando en recuerdos. Pensó que debía dejar de hacerlo porque sentía que en cualquier momento, en un suspiro, el corazón se le iba a reventar por tanto amor acumulado. De entre todos esos amores pasajeros hubo uno que amó profundamente, un amor interminable que le duró años no sólo de felicidad sino de tristeza y angustia. El amor llegó al límite del dolor, pensó que ese fue el único que poco a poco lo fue absorbiendo.

Con los años temió perder la luz de esos ojos que reflejaban ilusión, alegría: la amó tanto que no pudo borrarla.

A medida que pasaba el tiempo se anclaba más en su corazón. Ya herido comprendió que había llegado el momento de llenarse de fuerza para tratar de olvidarla.

Ya liberado, siguió, dejó de creer en ese amor que creía eterno y que pensó que jamás saldría de sus venas, quizá esa fue la razón de continuar y suplir ese amor acabado. Recordó que cuando terminaban satisfechos se prometieron que nunca se dejarían, le decía que era el amor de su vida y así fue o así lo creyó por mucho tiempo.

Ahora, en silencio, lo reafirma. Ella ya no está en su vida, ella se fue sin remordimientos ni contemplaciones, se fue para jamás regresar. Aún la siente dentro del pecho, en lo más hondo de su alma y en la sinrazón de sus pensamientos.

Llegó a tener miedo de haber enloquecido: la imaginaba, conversaba con ella en cada lugar, la confundía de lejos en alguna esquina o sentada en alguna mesa esperándolo. Vivió el dolor, angustia, soledad, desilusión y todo lo contrario que pueda decirse del amor. Fue entonces cuando se decidió a volver amar sin contemplación, no sólo por su sola condición de buen amante, sino quizá en el fondo para cubrir algún vacío de lo que creía era su verdadero amor, o de cubrir ese aroma femenino ausente, esa herida hecha por una mujer, y sin darse cuenta siguió el único juego que valía la pena, el juego del amor.

2

Y se quedó sólo, pasmado sin saber qué pensar. A la cabeza le llegaban todavía imágenes, palabras, frases, risas, murmuraba para él, sentado a la orilla de la cama, a la que volteó a ver discretamente el otro lado de la orilla en la penumbra de la habitación, y una vez más la recordó…

Así vivió durante largo tiempo, se volvió sigiloso, discreto, ahora sonreía poco. De vez en cuando le llegaban noticias de ella, en los parques trataba de encontrarla, miraba las ventanas de los restaurantes, entraba en los cafés con la ilusión de verla, de repente revivía su amor por ella al ver una silueta parecida que le devolvía toda esperanza pero al mismo tiempo lo volvía a hundir en el más duro recuerdo.

Su alma liviana lo determinó libre, con brillo en su personalidad, destacable y de trato siempre cordial, alegre, sencillo, hasta que la conoció y se fue poco a poco sumergiendo como en un sueño cada vez más espeso en las entrañas de una mujer, pasó todo el tiempo enamorado. Ahora lo sabe: fue pura ilusión; ya no supo distinguir a quien recordaba, tal vez hasta la razón estaba perdiendo.

Se dice que de amor no se muere; fue la excepción.

Dicen los médicos que al abrir el pecho murió por amor, le encontraron un corazón roto, partido casi a la mitad.

3

Una noche antes la buscó como un presagio.

Distinguió una belleza en ella que al pasar los años sólo se consigue en un rostro templado que da la tranquilidad de una conciencia limpia y en calma de saber lo que se quiere en la vida, de tenerlo claro y darle sentido al venir a este mundo sin solicitarlo. Su complexión daba la seña de un cuerpo sano, bien alimentado y ejercitado, en suma, el rostro y el cuerpo estaban en armonía.

Se saludaron serenamente, se dieron un beso en la mejilla como en el pasado. Se trataba de su exesposa, con la que procreó dos fuertes hijos. Los dos habían heredado su carácter, los genes fueron repartidos con sus mismas virtudes. No podían creer que ese amor de adolescencia y juventud había dado dos frutos varones.

Ahora vivían ambos en la madurez. Se sentaron frente a un gran ventanal de un café que alguna vez visitaron, con el paisaje de unos árboles conocidos como sauces llorones que le imprimen al paisaje cierto romanticismos o tristeza según sea el caso. Empezaron a conversar; como de costumbre empezó él, ceremonioso, ahora con cierto pudor que los años le fueron dando. Entrelazando los dedos de las manos y mirándola fijamente a los ojos como le gustaba hablar, le dirigió una mirada tierna de niño arrepentido, y en primer lugar le dijo cuánto le había agradecido por haberle dados dos hijos maravillosos, que por cierto uno se encontraba en el extranjero, en el viejo continente, un sueño realizado por el hijo al no haberlo realizado el padre en los ideales de juventud, y el otro en un puerto marítimo, este último le había heredado también al padre el gusto por el mar, ese aroma que lleva y trae de las ciudades viejas, del misterio de su profundidad, la admiración de su oleaje y color, esa sensación indescriptible que despierta al verlo.

Ella lo escuchó con atención, como si se tratará de las palabras de un profeta que le dictaría algún destino. No perdió detalle de cada palabra, de cada gesticulación; en cada ademán, bien conocidos por ella, en cada frase, le venían momentos de lo que alguna vez vivieron. Lo conocía tan bien que recordó que fue su primer amor; algunas palabras le clavaban el corazón, otras las refutaba al momento con gran precisión, de manera educada y suficiente. Él le confesó y agradeció finalmente, una vez más, todo lo que le representó el primer amor, el primer beso, la primera ilusión, sus primeras canciones y cartas, dedicatorias, pensamientos, detalles, viajes, aventuras, y todo lo que se vive en la plenitud del amor, pero también le confesó cuánto lamentaba haberla perdido y toda la felicidad que había desperdiciado al lado de sus hijos. Reconoció todo el daño infringido a su familia por esa ausencia de ratos que se convirtieron en años hasta finalmente llegar a la ruptura y el olvido. Le confesó con dolor cuánto daño se había causado él mismo al quedar atrapado en esos cantos de sirenas, en esos amoríos pasajeros en los que había cedido y tarde había comprendido que nunca valieron la pena, quedando atrapado vanamente en el "juego del amor", como él mismo lo llamaba, y sin poder salir a tiempo.

No tuvo más remedio para su desahogo y tranquilad que confesar a su exmujer de aquel amor que casi le costó la locura y en ese momento pensó hasta la vida, y del que le abandonaron irremediablemente. Reconocía que no había remedio, que había perdido en cada uno, y sintiéndose cada vez más vacío porque finalmente había quedado prácticamente solo. Ella lo miró con cierta lástima, sin poderle decir nada para aligerarle esa pesadez. En cierta medida se creyó un poco culpable de haberlo dejado ir en cada aventura y no rescatarlo, no haber ido por él en nombre de ese amor tan profundo que sentía en ese entonces, pero decidió irse hace ya bastantes años de su lado con un dolor en el pecho que ahora él mismo sentía como si ahora ese dolor se hubiera intercambiado e incrementado con esos años de ausencia. Ahora el peso de él era la soledad.

270

Hubo un silencio, ambos voltearon a ver los sauces, testigos de ese momento. Le dijo él, retomando la conversación con una voz entrecortada:

—Siento que el corazón se me parte a la mitad…

4

Mientras los médicos en la autopsia observaban su corazón, atónitos por esa rareza de verlo partido casi a la mitad, parecía todavía dar sus últimos latidos. Al instante, él trató con gran esfuerzo de abrir los ojos, pesadamente sintió que lo había logrado cuando de repente le vino un fuerte impulso por mantener fija y en alerta la mirada al percatarse que frente a él tenía un parabrisas con el vidrio mojado y empañado. Observó también que tenía activos los limpiaparabrisas del vehículo que conducía. Al tener un poco más de consciencia, vio que era un día apacible, muy sereno, una tarde con una suave llovizna que caía lenta pero lo suficientemente copiosa para no permitir ver hacía adelante, de frente tenía una larga y solitaria carretera que parecía no tener fin, el paisaje estaba casi inmóvil. Al momento empezó a escuchar, de menos a más, a lo lejos, como si el sonido proviniera de fuera, la voz clara de una soprano, pudo reconocerla claramente, era María Callas, identificó que venía no de afuera sino de dentro, eso lo terminó por despertar del letargo en el que se encontraba.

Se creyó acompañado por sus hijos; al voltear al lado del copiloto no distinguió a nadie, miró al retrovisor en busca de ellos o sus demás acompañantes, pero no vio a nadie, le causó gran extrañeza que en un viaje fuera solo, por lo que tuvo un escalofrío momentáneo. El vehículo avanzaba a una velocidad constante, al término de la pieza de opera le siguió otra de un coro armónico, casi celestial, para escucharse en este plano que invadió toda la atmosfera tanto dentro del vehículo como de fuera, se trataba de la composición "Miserere mei, Deus", misma que le dio absoluta serenidad; aun así no podía recordar a dónde iba o de dónde venía, cuál era su destino y por qué iba solo.

No tenía noción del tiempo, buscó su reloj de mano, no lo traía, había sido un regalo de su padre al cual nunca olvidaba por resultarle especial, buscó en seguida en el tablero algún indicio de reloj digital: tampoco lo encontró; le pareció también bastante extraño. Siguió con la mirada de frente, ningún vehículo transitaba, no reconoció el lugar que ahora le parecía plácido y seguro, el único cambio que pudo notar fue que en la carreta empezaba una leve pendiente prolongada, una subida moderada pero lo suficientemente notoria, sin embargo, a medida que avanzaba esta, iba en aumento paulatino. De pronto, a los lados, se percató de unas siluetas blancas del tamaño de una persona que pasaban, trataba de ponerles atención, eran nuevas para él, pero no logró distinguir esas figuras en movimiento.

El coro iba en aumento conforme la pendiente de esa larguísima carretera se pronunciaba, de un momento a otro vio que esas siluetas no sólo estaban a los lados sino enfrente, arriba, y otras iban y venían a distintas alturas, se cruzaban entre ellas sin hacerlo desordenadamente; ahora eran cada vez más blancas, relucientes, el coro se escuchaba más fuerte sin perturbar o lastimar el oído, más nítido. En ningún momento se exaltó, no sintió miedo a pesar de ello, al contrario, lo invadió una tranquilidad absoluta que le dieron los sentidos, una calma incomparable. Al mirar la carretera por lo mojada que se encontraba ahora, más bien le parecía como un espejo, un largo y ancho espejo ya sin líneas ni paisaje, en la que veía mayormente no sólo un vasto cielo azul y grandes nubes blanquísimas que parecía que podía tocarlas con tan solo estirar la mano, el paisaje fue tornándose de una luz cada vez más blanca, y él no supo en qué momento cesó la lluvia, era ahora como un gran día soleado.

Fue entonces cuando entendió que ese diminuto viaje había sido preparado: la ópera, el coro angelical, las siluetas blancas que lo iban acompañando, la tranquilad del paisaje y las de su mismo ser; las nubes que pudo haber tocado, el ir subiendo sin temor ni miedo, como si la escena hubiese sido prevista en un acto teatral por un ser superior para darle cierto gusto placentero, como si ya lo estuvieran esperando. Comprendió que era su último viaje en la tierra, el último recuerdo de sus dos hijos antes de partir, un breve recorrido sin retorno, una despedida; recordó con claridad los rostros de sus hijos recién nacidos y las últimas imágenes cuando jugaba con ellos, corriendo, abrazándolos; la partida de pastel, el regalo de algún juguete, las risas infatigables, ver sus tiernos rostros de alegría en un festival; fue como una película mucho más breve que un cortometraje, más bien fue instantánea, le vino de inmediato también la imagen de su madre y de su padre estirándoles los brazos al dar él sus contados primeros pasos, y una mujer, su exesposa, que miraba hacia arriba diciéndole adiós con el movimiento de una mano.

Todo fue tan placentero, reconciliatorio consigo mismo, con los suyos, que entendió que su corazón irremediablemente partido a la mitad había dejado de latir, entonces soltó por completo el volante, se dejó llevar. Ya no había vehículo, esa masa de lata y fierros dejó de tener valor ante lo importante y sublime, el reloj, instrumento del tiempo, quedó en el olvido total ante ese momento etéreo, ante lo verdaderamente trascendente. Se sintió acogido en brazos, cobijado, trasportado con los más delicados cuidados que se dan a un niño de cuna, no supo quién o quiénes lo llevaban, ya no hizo esfuerzo para averiguarlo; sintió una paz inexplicable, soltó el cuerpo por completo.

La escena fue como el cuadro del algún pintor europeo ascendiendo a las nubes, miró por último hacía arriba, vio un cielo abierto en plenitud como un grabado de Gustav Doré, ya no se cuestionó nada, dio un último suspiro, cerró los ojos y estos fueron llenados por una gran luz blanca, resplandeciente, que lo cegó al momento, escuchó entonces una última gran voz, única, llamándolo por su nombre para recibirlo.

Sueño aletargado

Llegó a su mismo sillón de cada día, el mismo que le servía de descanso del trabajo, el cual le implicaba bastante esfuerzo físico y concentración mental, esto último le causaba mayor cansancio, era alternado entre una máquina descomunal que podía tragarlo y hasta triturarlo por engranes que doblaban su tamaño, y un horno por el que podía ser fundido y reducido a un par de gotas con temperaturas altísimas que fundirían con facilidad el metal.

Cada tarde llegaba casi al filo del anochecer, esa línea entre la luz de las últimas horas de la tarde y la oscuridad, llegó a casa, no se encontraba nadie, su familia había salido un par de días, eran las vacaciones de otoño.

Se preparó un café para sentir menos el cansancio y el frío, se sentó a recuperarse, y con el reposo le fue invadiendo un sueño confuso, disperso, inquieto, la pesadez del cansancio lo hizo dormitar y a la vez escuchar ciertas voces y percibir alguna silueta que pensó que sería algún miembro de la familia, se confundió aún más cuando llegó a notar entre sueños una silueta más de cerca, por la complexión, pensó que se trataba de un joven que iba y venía como nervioso, pasaba frente a él, seguramente mirándolo detenidamente, no pudo abrir los ojos, seguía en el pesado sueño, se movía, trataba de acomodar la cabeza.

Logró abrir un poco los ojos ante la oscuridad que ya estaba presente y le pareció ver la silueta de su hijo. *Pudieron haber llegado*, logró razonar, era un joven alto, delgado, de ojos grandes y profundos, lo vio acercarse con pasos lentos pero decisivos y mirarlo fijamente. Tal vez soñaba esa imagen, no tenía la certeza de nada, no sabía si la escena era real o no, se acercó la silueta que pudo ver borrosamente, estirando ambas manos, hasta sentir que le rodeaban el cuello.

Reaccionó con un movimiento sin apuros, el rostro del joven se acercaba cada vez más a medida que las manos le apretaba el cuello, le acercó la cara hasta sentir sus cabellos; los ojos del hombre joven seguían fijos, casi sin parpadear, no le dolía, podía respirar, pensaba remotamente que se trataba de su hijo quien le hacía la maniobra entre juego. Entendió el propósito del momento: su hijo no hubiera hecho una broma así, descartó completamente que se tratará de él, no lograba entender lo que pasaba, sus pensamientos eran confusos, no trató siquiera de hablar o detenerlo, se sintió desmayarse y regresar en sí, salir de sí, quizá era esa sensación. A pesar de ello, permaneció consciente, buscó el rostro de quien ejercía una moderada fuerza sobre él, no intentó luchar, aún estaba confundido.

No tiene explicación, no sabe si se trata de un sueño prolongado en el cual continúa, o si la muerte aún lo sigue acorralando sin la intensión de poner punto final.

Visitas inesperadas

I

No es la primera vez que me sorprende, nuevamente me visita, bien la conozco, entra sin avisar, le gusta estar conmigo no sé cuento tiempo, a veces unos minutos, otras largas horas. Le digo que pase y me siento con ella, en ocasiones me obliga acostarme, empiezo a platicar, otras ella comienza, relatamos nuestras memorias que casi siempre coinciden, hablamos y nos contemplamos, de momento cierro los ojos unos segundos para vivir el recuerdo y entonces escucho su verdadera voz, más clara, la comprendo mejor, la miro más de cerca y la entiendo, la he llegado hasta extrañar, ¡qué sensación tan rara!

En realidad nadie la quiere, es odiada, despreciada, cuántas vidas se han perdido por ella, quizá por traidora, fuerte, severa, gritona, incomprensible, a veces tan callada que desespera el no oírla, su sola presencia enloquece a quien visita por vez primera, dan ganas de botarla, sellar todas las puertas, las ventanas para que no se asome, vallar los recónditos espacios para que no entre, no se desaparece al cerrar los ojos, su voz aún se escucha sobre la música para ahuyentarla. Sin embrago ya le entiendo muy bien, tantas visitas en mi habitación que me es familiar, no es mala, no es traicionera, es simplemente como la sombra de cada uno que nos persigue.

Ella me permite pensar, reflexionar, reconocerme, entender, ella me ha ayudado a vivir mejor, me ha enseñado con rudeza, con su silencio, tristeza, con su disimulada alegría, es totalmente imperceptible, así es ella, según he escuchado, le llaman: soledad.

II

Todo el tiempo me invade, soy como un sereno paisaje boscoso con fuerte olor a madera y fresca hierba, cantos de aves dispersos, inidentificable el lugar exacto del que provienen; el sonido de las hojas en lo alto causado por el viento que corre al rozarse entre ellas; un sol resplandeciente resalta y atrapa el verdor de las hoja que habita, las flores, los hongos y todas las formas extrañas que se encuentran en el suelo sobre una espesa alfombra de hojas rojizas y marrón secas de otoño; troncos y cortezas atravesadas que tienen las formas más surrealistas; grandes piedras resbalosas por el musgo y humedad, el aire sigue corriendo, empuja las nubes que avanzan, que siguen su marcha, estas cubren momentáneamente al sol, el paisaje ahora se torna tenuemente oscuro con una iluminación discreta pero visible.

De repente, como si las nubes empezaran a bajar con una rapidez indescriptible, cubren las copas de los árboles, se trata de la neblina que baja densas hasta apropiarse de todo, hasta cubrir la totalidad del bello lugar, se siente la frialdad, ahora el paisaje se torna grisáceo como una disimulada tristeza que me invade en esta mañana fresca que minutos antes estaba repleta de luz.

Esta neblina que llamo nostalgia me cubre el corazón, el cuerpo, el pensamiento, el alma; que no sé de dónde vino, ahora me invade por completo y me pone contemplativo, con los ojos tenuemente opacos con un suave nudo en la garganta, no puedo expresar no sé qué pensamientos absortos. Se queda, permanece, debería avanzar y subir inmediatamente así como llegó, pero no es así, tengo que esperar, no veo con claridad, estiro la mano para tratar de tocarla pero no siento nada, cierro el puño para atraparla, trato de verla pero no la distingo, entonces optó por cerrar los ojos para sentir y disfrutar la permanencia en la que cada mañana llega a mí sorpresivamente.

¿Por qué sucede?

El doctor entró y vio a Bernardo con la mirada fija en la ventana. Observaba las ramas de un árbol que se movían lentamente. Corría un viento moderado, los acostumbrados en esa región. Parecía que el árbol lo estuviera incitando a algo; no había notado siquiera la presencia del doctor, quien ya se encontraba dentro de la habitación.

—Ya van tres días que no duerme, lo escuchamos hablar solo en las madrugadas —le dijo su esposa.

—Debe ser la fiebre que lo hace delirar —respondió el doctor.

—A veces siento que hay enfermedades que vienen del más allá —intervino Bernardo—, como esta que tengo. Me vino de la nada, doctor —continuó. Ahora lo miraba fijamente—. Nada más no dan, tantos estudios y nada—. Tenía la cara demacrada y los labios resecos—. ¿De qué depende la enfermad? Deben de ser los descuidos de juventud y la mala vida que uno lleva, o será la carga genética que venimos arrastrado, ¿o es incluso una cuestión divina, doctor?, ¿cómo funciona esta fórmula?

"Dicen que los males se pasan de generación en generación y a mí me tocó cargar con ellos sin deberla, pero por algo debió recaer en mí. Quizá esté yo exagerando, doctor. Por más que uno le ponga empeño, es difícil lidiar si el cuerpo no responde. No debo quejarme como los que verdaderamente sufren una enfermedad, todo lo que he podido sentir debe ser tan sólo un punto cero uno por ciento de lo que verdaderamente representa el serio dolor de una enfermedad fuerte e invasiva, aun así he sentido la cabeza a reventar a punzadas, dolores de hueso y su desgaste, una tos hasta doler los pulmones y la garganta, el dolor de los músculos, de muelas; el peor martirio, los mareos, los vómitos, náuseas,

280

desorientación; he sentido la debilidad, un desbordamiento de los sentidos que se convierten en una prisión dentro del mismo cuerpo. Sin salirse de él, sin poder escapar del cuerpo enfermo.

"Las veces que he llegado a estar enfermo no sólo percibo ese tenue olor a cierta y pequeña descomposición de algo que no funciona bien. Es lo más próximo, un pequeño acercamiento al olor a muerte; madrugadas interminables que no avanzan, los tantos cuestionamientos: ¿por qué me sucede? ¿cuál es el propósito? ¿una enseñanza, castigo, o nada más avisos?

"¿Qué queda? Depender de un órgano que no podemos controlar, depender de unas células desordenadas y desbordadas, como entes independientes al propio cuerpo nuestro, como si no fuera suficiente con poder ordenarles ¡que se alineen y comporten!

"¿Qué nos queda? Si queremos comer y no podemos por el dolor en la boca del estómago, o de algún otro malestar en la espalda, brazos o piernas, qué decir de las enfermedades mentales… Tantas cosas que ahora hay, doctor.

"Pienso en todos aquellos que padecen una enfermedad, no como lo que yo tengo, que afortunadamente y gracias a Dios no es frecuente. Cuánta fuerza incansable de los que luchan con determinación contra ella, la afrontan, la asumen, y aprenden a vivir con el dolor; los menos aptos, los que menos resisten buscarían una salida más fácil y rápida. No los juzgó, el dolor es desgarrador, pero sobre todo lo es el tiempo que permanece en el cuerpo. Ahí se trata de justificar la eutanasia para evitar el sufrimiento prolongado.

"No sólo sufre quien lo padece, sino los familiares más cercanos: el hijo, la madre, los hermanos, los más allegados, los cuidados, y qué decir de los gastos.

"La sangre no sólo llama sino también duele. Los hijos duelen al igual que una madre".

—Deja ya que te revisen —intervino su esposa—, empiezas a fatigarte de hablar tanto.

—De verdad, mis respetos para aquellos —continúo hablando Bernardo—. Gran fortaleza pelar con todo su ser contra la misma muerte cuando anda rondando.

El médico quiso intervenir, pero Bernardo no le dio tiempo ni de hablar, sólo de hacer algunos movimientos para acomodarse, como para escucharlo mejor.

—No estoy juzgando a nadie, doctor, sólo me vienen todos estos pensamientos; quién soy yo para cuestionar a Dios, basta con lo que le respondió a Job: ¿dónde estaba yo cuando hizo toda su creación?

"Dice nuestro Señor que todo lo que pidamos al Padre lo hagamos en su nombre (y así lo he hecho. ¡Cuántos no lo haremos! Tantas solicitudes que ha de tener de nuestros niños, que es lo más doloroso, verlos enfermos rompe el corazón, ellos no deberían entrar en esto) y Él también dice que nos concederá las peticiones, entonces por qué prolonga la agonía de tantos. No la mía, como ya le dije, lo que tengo es nada. Y todavía dice que lo hagamos con fe, que es como un grano de mostaza y, créanos, doctor, la fe nos sobra, y mire que no es una fe ciega, es una fe que llena nuestra fuerzas y corazón —la voz de Bernardo se quebró, pero se repuso después de un par de segundos y su mirada volvía a la ventana—. Pienso, doctor, que en el ser humano hay una lucha constante contra sus propios pensamientos; la verdadera pelea está en uno mismo. Doblegarlos y someterlos es complicado, como dice una escritura, para que podamos estar a la altura del Varón Perfecto que es nuestro mismo

Señor. Bien dice que del corazón nace todo lo malo antes de idearlo o hacerlo.

"Yo creo, doctor, que por eso también enfermamos. ¡Ah! Los sentimientos o las cosas del alma juegan un papel fundamental, más bien determinante, nos envenenemos el cuerpo con tanto odio, rencor, resentimientos guardado, envidias, la falta de perdón y sobre todo el orgullo, que es el origen de estos males. Precisamente en los días de Semana Santa o Navidad, la maldad se esconde unas horas, tal vez también lo llegue a hacer de algún modo, salen de las misas o congregaciones y a seguir cometiendo fechorías contra el prójimo.

"Ay, doctor, acá yo pienso que los pecados deberían ser visibles, expuestos para delatarnos. Imagínese que pudieran ser reflejados los pecados sexuales, no sólo siendo los pecadores perseguidos por grandes moscas verdes y negras zumbando sobre la cabeza todo el tiempo y a donde quiera que fueran, no sólo eso sino que tuvieran llagas por todo el cuerpo, llenas de pus. O los que roban deberían tener las manos llenas de ronchas y salpullido, hinchadas de comezón incontrolable, o que se les deformaran las manos, una especie de artritis por haber tomado lo ajeno, por no valorar y respetar el esfuerzo de quien, mediante el trabajo, esfuerzo y hasta sacrificios, consigue algo. O los pecados de la lengua, como las injurias, las maledicencias, chismes, los que buscan pleitos, los que generan cizaña y todo aquello, deberían babear sin controlar la saliva y sin poder comer a gusto, y así para cada falta, ¿no cree, doctor? Así la sociedad y las familias viviríamos mejor, con mucho mayor compostura y respeto, evitaríamos hacer el mal.

"Pero Dios es perfecto y se reserva la ira, para el juicio que a cada quien tiene, también en secreto; cuerpos tendidos en féretros vemos, lugar de destino no sabemos. Qué fuerte, doctor, esperemos todo me sea perdonado".

Bernardo dirigió la mirada al cielo.

—Ay, doctor, le debe estar subiendo la temperatura a mi marido. Inyéctele o dele algo. ¡Qué cosas estás diciendo, Bernardo! Guarda ya silencio, por favor.

—No, no, déjelo. No se preocupe —replicó el doctor, quien ahora, sentado con mayor comodidad, lo miraba detenidamente, como reflexionando sobre lo que decía Bernardo.

—Mire, don Bernardo, necesita calmarse —dijo el médico—. Todas estas cosas que ha dicho no las podemos saber, no hay manera, nada de eso nos consta.

Interrumpió Bernardo al momento:

—Es usted de los que piensan que la ciencia y Dios deben estar peleados: esto es un clásico de los que no conocen a Dios. No, doc, yo pienso que la ciencia reafirma la existencia de Dios. Ciencia y Dios van de la mano o, más bien, debería ir a la par, pero el hombre juega a ser Dios, quiere igualarlo, o ser mejor, absurdamente superarlo —empezó a toser como queriendo reír, o trató de reírse y más bien le ganó la tos—. Esto nunca va suceder, doctor, es una falacia querer ser como Él, por no decirlo con una leperada, por respeto a usted. Y sabe por qué no están peleados, porque usted, que es un hombre de ciencia, debe saber que el Creador pone dones a cada uno de nosotros, a usted le puso el don de sanar, y que a través de su conocimiento se fue no sé si perfeccionando, educando o desarrollando, pero lo hace, usted se dedica a sanar y yo sé que es usted muy pero muy bueno, doctor. Otros educan, componen música o hacen obras de arte, otros arreglan gigantescas o diminutas máquinas, otros interpretan leyes y así a cada uno, pero la mayoría estamos cegados con estos dones y, en lugar de hacer el bien, hacemos lo contrario, dones y habilidades mal empleados, para robar, matar y destruir, tal y como lo hace el enemigo. Esto es estar lejos de Dios, es un mal que nunca se va a terminar. No nos damos cuenta, pero estar lejos de Él es un mal constante que va oprimiendo a cualquier persona, familia, sociedad y hasta a un país, aunque no lo crea, doc —volvió a mirarlo—. Pero ya estoy hablando de más, doctor. Ya hasta me metí con su persona.

"Discúlpeme, ahora sí, como dice mi esposa, estoy hablando ya mucho. Usted vino a otra cosa, no a escuchar confesiones y simples conjeturas. No es necesario que me revise, creo que ya me siento mejor. Creo que mi mal viene del alma, quizá la he tenido muy contaminada y, mire, ya me desahogué un poco.

"¿Ve, doctor, cómo todo tiene conexión y sentido? Somos cuerpo, alma y espíritu; Dios también es tres personas, ¿acaso no somos a su imagen y semejanza? —Bernardo se soltó a reír, ya más tranquilo y en cierta forma relajado—. ¿Ya ve, doctor? Esto de la enfermedad me ha traído un poco de lucidez y algo de entendimiento, algo así como una revelación".

Desde una ventana

A mi abuelo, que era un hombre sencillo de semblante tierno, muy tratable y cariñoso, le gustaba estar con todos sus nietos cuando lo íbamos a visitar los domingos. Después de la comida nos tenía preparados dulces artesanales, para tener derecho a ellos nos solía sentar en su sala, nos ponía a leer a los "grandes maestros de la literatura universal", como lo decía ceremoniosamente, cada uno un párrafo durante cierto tiempo, incluso si la historia era divertida, de suspenso o interesante, le pedíamos entre gritos más tiempo, haciéndonos al final preguntas que nos lanzaba. En otras ocasiones nos pedía que le hiciéramos preguntas de todo lo que no sabíamos, que no entendíamos, o que simplemente no comprendíamos, que desahogáramos nuestra imaginación inventando cosas. Se preocupaba por que fuéramos hombres preparados y de cierta manera "cultos"; supimos que él nunca fue a la escuela pero que desde su juventud le había gustado leer, fue siempre autodidacta.

Yo, siendo de los más chicos, siempre lo recuerdo disciplinado y ordenado, su conocimiento abarcaba todas las áreas. Los nietos más grandes, que eran universitarios, lanzaban preguntas retadoras, pero él siempre tenía respuestas para todo, incluso estaba al día de las últimas invenciones de la humanidad y los cambios de gobierno de otros lados. Una tarde, reunidos, al tocar mi turno, me tomó distraído, ya que miraba un cielo azul profundo lleno de unas espléndidas nubes blancas en todas sus formas. Cuando escuché su voz sin haberle prestado atención, reaccioné hasta que un primo me codeó, avisándome de mi turno y, sin razonar, sencillamente le pregunté:

—¿Qué hay detrás de esas nubes que se pueden ver desde tu ventana, abuelo?

Las miró, se podían ver en todo su esplender, blanquísimas, y dijo:

—Muy buena pregunta, mi muchachito. Atrás de esas maravillosas nubes blancas hay todo un mundo que rodea a esta pequeña casa, a unos pueblos de acá; hay montes, montañas y volcanes, el más cercano, la Malintzi, luego el Popocatépetl, Iztaccíhuatl, el Pico de Orizaba. Existe una Sierra Madre Oriental y Occidental, con sus bellos pueblos autóctonos gobernados por sus usos y costumbres que cobijan nuestra patria y qué decir...

"Hablando de montañas, toda una imponente cordillera, por mencionar, los Andes, en este continente, en América de Sur; el Himalaya en Asia, y los Alpes en Europa Central, el Cinturón de Fuego del Pacífico que va rodeando desde Argentina hasta Nueva Zelanda.

"No olvides que cerca de esta diminuta casa tenemos también lagunas a pocos kilómetros, que reflejan ese maravilloso cielo azul, como la de Atlangatepec o Acuitlapilco, y todavía más adelante estamos rodeados por un golfo de México y de California, un mar Caribe y por un Océano Pacífico, todos con sus bellas bahías. Y más delante de estas nubes vemos la existencia de un mar Mediterráneo, un mar Rojo, a colación, que fue separado en dos al extenderse una mano por un hombre llamado Moisés. Regresando desde un puerto del golfo de México se aprecia la gran isla de Cuba bañada de malecones y una ciudad antigua en donde el tiempo parece haberse detenido, al igual que tenemos una en Veracruz, así como puertos como los que hay por mencionar algunos en Lisboa, Río de Janeiro, o Barcelona, otras ciudades bañadas por exquisitas costas como Santorini, o la

Amalfitana o como otras cuidades antiquísimas que existieron y permanecen como Jericó, Petra, Pompeya, Damasco, Jerusalén, donde existen en ésta última unos montes, uno cuyo nombre es pavoroso como el Gólgota, y otro que fue y será imponente como el de los Olivos.

"Hay también, bajo este inmenso cielo azul, grandes manadas de animales salvajes corriendo y sobreviviendo en unas sabanas como el Serengueti o Masaí Africano, grandes desiertos inhóspitos y otros alterados o transformados como en Arabia".

Todos los nietos veíamos el cielo azul y sus nubes, imaginado todo lo que el abuelo nos iba relatando, los mayores habían escuchado en la escuela los nombres que decía el abuelo, él también veía el cielo y movía las manos como si estuviera viviendo todo lo que nos iba relatando.

Continúo diciendo:

—Desde este cielo contemplo bellos canales como los de Venecia, Brujas, o Ámsterdam. También acabo de recordar, ya que andamos cerca —entre risas—, la existencia de algunos obeliscos egipcios, otro situado en la Plaza de la Concordia o en la Plaza de la República en Buenos Aires. Veo también unas cascadas y cataratas majestuosas como las de Iguazú o las de Niagara o como las que tenemos, la belleza de Agua Azul y Salto del Agua como en Chiapas y Oaxaca o las maravillosas cascadas de la Huasteca Potosina.

"Este cielo refleja anfiteatros, abadías, castillos e innumerables ruinas, vestigios de anteriores culturas como Machupichu, Tulum, Chichen Itza, o la Gran Muralla China, sin mencionar otras tantas construcciones.

"Qué decir de los museos, oh testigos fidedignos de la existencia de civilizaciones antes de la nuestra, bajo el mismo cielo que ahora vemos, al igual que los vestigios de ruinas aún de pie y algunas bien conservadas como Stonehenge, Inglaterra; pero también hoy en día hay grandes parques y jardines para que niños y jóvenes como ustedes disfruten, como el del Retiro en España, o el Jardín de las Tullerías o Luxemburgo en Francia, el St. James Park en Londres o el Central Park de New York, Villa Borghese en Italia o Chapultepec en México.

"He mencionado poco, podríamos pasarnos varios días hablando de qué hay detrás de esas nubes que vemos desde esta pequeña ventana de algún rincón del mundo. Como pueden ver, somos también un pequeño rastro de un mundo vivo, existente, que se mueve, late y permanece atrás de estas nubes que adornan este cielo azul tan profundo arriba de esta pequeña casa".

En ese momento su mirada volvió a nosotros, y dijo:

—¿Quién sigue?

Hombre sin tiempo

Llegó un tiempo donde todo le pareció insustancial, lleno de frivolidad y vanidad en los seres humanos de estos tiempos, sin embargo, no podía apartarse del mundo, aún no se había inventado una burbuja en la que se pudiera aislar y ser provisto de todo lo necesario para vivir sin tener contacto con el exterior, por lo tanto la relación con el prójimo era más que necesaria e irremediable. Concluyó que esas "relaciones humanas" eran frías, condicionadas en su mayoría, y hasta cierto punto hipócritas, también notó que la solidaridad e interés por el otro, el prójimo, iban desapareciendo; la burla, el desdén y el desprecio estaban a la orden, la intolerancia era el pan de cada día.

Una vez frente a sus alumnos de posgrado, en cambio de materia, al entrar, observó que los alumnos ya no interactuaban, todos tenían la mirada fija en esos aparatos móviles. Lo mismo sucedía en los cafés con las parejas o entre amigos, ya no había una buena conversación. En reuniones familiares con los jóvenes, sucedía lo mismo, en grupo, pero aislado, sin intercambiar siquiera miradas. Le preocupó que los niños aún pequeños ya fueran "victimas" de este mismo fenómeno, la mayoría de los niños ya no corrían a atraparse, esconderse, trepar árboles; las familias, aún juntas, permanecían completamente aisladas.

En diversas ocasiones llegó a reprender a sus hijas por perderse ante el móvil, viendo, decía, "imágenes, videos, sin sentido".

—Pérdida de tiempo en cosas tan absurdas, violentas, algunas veces vacías, simplistas, irrelevantes y hasta estúpidas, o siguiendo a personajes sin aportes, huecas, generando egos y fanfarronerías—. Le sirvió para darse cuenta de que muchas de las personas se alimentaban de esto; las imágenes sustituyeron a la lectura y por lo tanto a la imaginación.

Supo de una adolescente que provenía de una familia "bien integrada" y económicamente estable que se había quitado la vida inexplicablemente, no dejó escrito, dedicatoria o motivo alguno, los padres nunca supieron la causa, relataron que últimamente no conversaban mucho, o nada, salvo los saludos y preguntas rutinarias provocada por este aislamiento y por la búsqueda de los intereses de cada uno de los integrantes de la familia por los egos y competencia de géneros impuestos, por las superficialidades del supuesto éxito de hoy día, y por la paulatina pérdida de los valores que cada día se ven por las calles, en los transportes, en las carreteras, en los comercios y en todas partes.

Añoraba épocas pasadas, de su juventud, un par de décadas atrás aún era diferente, las costumbres y algunas tradiciones daban sentido a la vida, decía, desde la manera de vestir, el comportamiento de las señoritas, el cuidado del vocabulario, en especial de las niñas, el cortejo de los caballeros, el peinado, zapatos limpios, el cuidado personal, la educación, el corte de cabello, la limpieza, el respeto a un reglamento no escrito en casa que daba entrada a las buenas costumbres. Todo esto sin importar la condición social, pues era casi una misma sociedad en valores, homogénea por un respeto a los símbolos patrios, a una cultura nacional que imponía nada más decir "bandera" o "himno". El respeto a un maestro del que se reconocía el esfuerzo y dedicación, los métodos impartidos por estos con la preocupación de que aprendieran, la atención del alumno por tratar de adquirir conocimiento, añoraba ver las rondas infantiles, las películas en las escuelas con la intención de transmitir algún mensaje positivo, o, por qué no, fomentar el aprecio el buen cine, el desarrollo tablas rítmicas que requerían trabajo y coordinación en equipo, la demostración de una poesía coral, la importancia de la familia, la búsqueda de mantenerla unida, la crianza de los hijos, la mano dura para el respeto a las personas mayores, ceder el lugar a una persona adulta o bien alguna mujer, el respeto en la mesa a la hora de los alimentos, el dar las gracias al final de los alimentos, la moral, la admiración, el cuidado de la naturaleza, de los parques, de sus banquillos del aula, el cuidado de su ciudad; evitar tirara basura con el ejemplo de los padres, y todo lo que sumaría al crecimiento de una persona desde sus primero años de vida en los colegios. Qué decir del amor a la música, la obligación de aprender a tocar un instrumento, realizar una declamación, memorizar una oración, la visita a los museos para infundir el amor al arte, conocer el pasado, saber de dónde venimos como patria.

Le fastidiaba el mundo postmoderno o más bien el ya actuante "hipermoderno", las etiquetas para todo, los modismos de esta sociedad supuestamente avanzada, desarrollada en ciencia y tecnología, que a medida que pasaba el tiempo más se deshumanizaba, la "involución", le llamaba, el "sobreviviente núcleo social", el descuido de los padres con la falta de identidad y fortaleza de los adolescentes le contrariaba. Estos eran fácil presa de una descompensación emocional, la confusión de los sexos con los que nacieron, los cautivos para el reclutamiento forzado al mal.

—La confusión estúpida de los géneros —decía—, la mal entendida igualdad, las mentes atroces, desviadas, malvadas y perversas que distorsionan y confunden a las criaturas más puras, indefensas, nobles y vulnerables como los niños, la libertad hecha libertinaje.

Notaba la debilidad de un estado cada vez más permisivo, tolerante a lo malo, a lo ilegal, un estado desordenado, cínica o disimuladamente igual con actos de corrupción, controlador a su beneficio, una nación más desbaratada sin ideales homogéneos, sin propósitos que cumplir por el bien común y la justicia social, sin bandera ideológica que defender. Veía una patria que caminaba en medio de las tinieblas, de una oscuridad imperceptible pero presente, como si nada pasara.

—Ya no se fomenta ni se vislumbra un rumbo claro, una dirección, ni se corrige, ahora el barco parece carecer de timón.

Le bastaba ver, escuchar o leer las noticias para darse cuenta de la descomposición social: niños menores de quince años asesinando, niños y jóvenes violentados, masacrados, maltratados, trata de personas, explotados en todas sus vertientes; lo más atroz y despiadado, meterse con los niños y jóvenes, lo peor permitirlo, hacer que no existe, símbolo visible de la descomposición generalizada. No sólo era culpa del gobierno en turno, fueran cuales fueran sus colores o idearios, sino gracias de inercia de la aldea global reflejada en una sociedad supuestamente de la información y el conocimiento.

Buscaba sin darse cuenta la presencia de un ser superior sin tener la certeza de cómo y de quién.

—Este mundo debería de limpiarse, ya no mediante una selección natural, como el darwinismo, porque implicaría hasta matarse uno a otro. El hombre por sí mismo es injusto, sería entonces una selección injusta —apelaba a una selección divina, le parecía más justo.

Nunca había creído en Dios por su perfil en filosofía, de joven lo había rechazado. Cuestionaba fervientemente su presencia, dudaba de un Dios de amor, de su bien-hacer entre tanta maldad como la de ahora, multiplicada y universalizada. Pensaba en las guerras pasadas, en las actuales y venideras, en la violación hacia los niños por sacerdotes, o sus mismos padres o familias, en todo lo que pasaba como ahora sin denunciarse, no profesaba religión alguna, concluía que las religiones eran instituciones humanas que también fallan, donde también había vicios como la corrupción. Fue así como realizó una primera súplica en el fondo de su ser, su instinto de creer como ser humano también formado, hecho por un "creador evidentemente superior".

—Sí, yo también fuera seleccionado por mi maldad, por contribuir a este descontrol del mundo, ¡lo asumo! —dijo una vez.

Se daba cuenta, con las observaciones que a diario hacía en su entorno, que la consciencia, esa reflexión racional, inteligente, momentánea frente a una decisión propia del hombre que frena determinantemente a evitar hacer el mal o daño, esa consciencia estaba ya cauterizada, estaba también desapareciendo, y qué decir del sentido común en peligro de extinción en el cerebro humano.

—Seguramente los animales tienen mejor estructura organizacional de cuidado y ayuda mutua que nosotros, "la especie pensante".

Uno en contra del mundo, pensaba: qué podía hacer, ¿seguir esa corriente? El asunto lo pasó a un tema completamente personal que le causaba algún tipo de desconcierto o inconformidad, causándole un problema de severa ansiedad.

—Me pregunto si soy el único que nota todos estos vacíos, si soy el único en el mundo que ve un ser humano en completa decadencia.

Agradecía al remanente de personas que contribuían al bien, a la obra humanitaria, a los estudiosos; a los científicos que tenían en mente sanar el cuerpo humano, mejorar las condiciones de vida, o contribuir al cuidado del medio ambiente; a los creadores del arte, a los que fomentan y rescatan los valores éticos y morales; a los solidarios, caritativos, a los que buscan evitar hacer el mal en esta descomposición generalizada, como si lo fuera una metástasis social.

—Queremos avanzar tanto, como tanto daño nos ha hecho el mismo avance, situación contradictoria —señalaba—. Como es esta cuarta generación de los supuestos derechos humanos —llegó a disertar en un foro—. Continuo—: Lejos de reafirmar los derechos anteriores como un buen avance a la humanidad, los de esta generación tendrían que venir por sí solos sin categorizarlos y sumar los derechos de tener una naturaleza libre de contaminación: el agua y el aire limpio es parte del avance y desarrollo del humano.

La utopía se ha terminado con la indignidad de dejar de defender lo "defendible," los idearios. Leyes, normas, reglamento en exceso son letra muerta. Hoy en día en nuestras relaciones vecinales, laborales, no se respeta un simple reglamento con el menor esfuerzo. Cuantas más leyes nos rigen, menos aplicabilidad; para muestra, la impunidad ante los actos de corrupción como el enriquecimiento ilícito, el cínico desvío de los recursos públicos ininterrumpidamente; el arte de la toma de decisiones para un colectivo se sustituyó por el interés meramente personal o de una oligarquía.

—Valores y leyes en desuso total.

Alguna vez, en una tienda de conveniencia, hizo notar el error de terceros de haberse estacionado en un lugar de discapacitados; en otra ocasión señaló que personas habían tomado una calle en sentido contrario, o que otros evitaron formarse para su turno correspondiente. En todas le costó insultos, casi le cuesta los golpes, y no vaya a saber si hasta la vida, nada más por haber señalado el "error". Ahora era causa de ofensa al infractor.

—Qué cosa tan más absurda e increíble. ¿Acaso no sabe que está incurriendo en un mal y que puede causar un daño? —le comentó a su esposa, que presencio tales atropellos. Ese era el sentido común en desaparición absoluta.

¿Nadie notaba el aumento de la intolerancia y prepotencia de unos por sentirse una clase superior económicamente hablando? Es el incremento del odio e ignorancia que en diversas ocasiones él mismo pudo constar. La elevación exponencial de la maldad era evidente.

Tuvo que realizar un viaje de trabajo a una ciudad más grande, donde lo que veía era evidentemente más grande en proporción, no sólo en extensión, sino de su población. Una noche en la habitación de su hotel presencio indirectamente un atroz crimen a una fémina, al parecer menor de edad. Creyó haber escuchado la brutalidad del acto que lo dejó sin palabras. Los reportes y llamadas se hicieron demasiado tarde, al día siguiente y después de haber perdido prácticamente todo el día en enredos y burocracia, testificó, contribuyó con su declaración al esclarecimiento, y con el tiempo supo que no hubo una correcta investigación, no existía la correcta cadena de custodia, entre otros errores, por falta de capacitación de los investigadores. Hubo lagunas legales, dinero de por medio, la fuga del victimario que seguramente cometería más crímenes, el estado quedó rebasado una vez más. Eso lo destrozó.

Contrario a su grado académico y a la materia que impartía a sus alumnos de posgrado, expresó ante unos colegas:

—Deberíamos regresar a la ley del talión, al ojo por ojo, diente por diente, por cada delito cometido aplicarse una pena corporal equivalente. Si un hombre viola, al violador debería mutilársele el miembro, y así sucesivamente a los trasgresores; una pena corporal equivalente al crimen cometido, los castigos deben ser proporcionales, sólo así, con ejemplos como estos, se irían terminando los delincuentes, o al menos lo pensarían.

Como era lógico y de esperarse, fue criticado duramente por sus colegas, en otros se escucharon fuertes carcajadas y reclamos. Entró en razón y comprendió, por el siglo que vivía, que era ya completamente inviable un sistema de esta naturaleza.

Él tenía dos hermosas hijas bien educadas, y lo que presenció lo dejó pasmado por varios días sin decir nada a nadie. Lo conmocionó el dolor de la niña, esa ofensa personal y familiar, la atrocidad de la violencia, del abuso físico, los gritos aterradores ante una muerte inminente, el llanto aún consciente e incesante, despavorido, el desgarro no sólo físico sino del alma, la tristeza e impotencia seguida de la madre, el padre, los hermanos, o de quienes se rodeaba, el adiós obligado por una mano ajena que le quitó la vida.

Enfermó del alma, dejó de comer por varios días, disimulando, sentía aflicción por los demás, le llegó a doler el pecho, siempre había sido un hombre sensible, fue como si el delito se hubiera perpetuado sobre alguien estrechamente cercano, casi se vuelve enemigo de todos a quienes veía como sospechosos, cuánta gente culpable se esconde en el anonimato, entre el tumulto de la sociedad y actuando como si nada hubieran hecho. Entendió que nadie podía ser juzgado por su apariencia. Con el tiempo que cura toda herida, lo repuso; no quería amargarse la vida y vivir en estado de estupor prologado.

De camino a casa pensó que la única paz que sentía era su hogar, esa burbuja que sí le proporcionaba todo para vivir en calma con sus semejantes más cercanos que eran su familia, y desde luego consigo mismo.

De sus hijas, una era adolescente y otra mayor de edad, estaba en la universidad. Tenían los tiempos medidos, todos procuraban esperarse a la hora de la comida como un ritual sagrado, una buena convivencia, bromas, preguntas, todos interactuaban a la hora de los alimentos, había una distribución de la actividades del hogar, él trataba de ejercitarse, tener una rutina, al anochecer le gustaba refugiarse en su pequeña habitación que llamaba biblioteca, a sumergirse a un mundo mucho más agradable que el de afuera, el de sus libros, la lectura nocturna le daba tranquilidad, tenía sus autores favoritos, procuraba los clásicos; se perdía en el mundo de la música de épocas pasadas, sus temas favoritos de Serge Gainsburg & Jane Birkin, Sharif Dean, Joe Dassin, S. Denis, Edith Piaf, Carlos Gardel, Agustín Lara, orquestas como las de Paul Muriat o Ray Conniff, otros géneros como Louis Armstrong, Cat Stevens, Paul Anka, Fausto Patetti, Ástor Piazzola o Víctor Jara, Violeta Parra, sin mencionar los de la música clásica como Vivaldi, Händel, Bach, entre otros muchos más y un sinfín de músicos y géneros.

—El mundo de la música y la literatura son como los números —decía—, interminables, moriremos sin leer todo lo escrito y no terminaremos de escuchar toda la música grabada.

Los sonidos, los instrumentos, las voces lo transportaban no sólo al pasado sino a otros lugares, a países, a lugares inusitados, imaginarios, desconocidos por él. Cuando usaba el tocadiscos que era de su padre para escuchar ese sonido inigualable que hace el contacto de la aguja con el disco vinil, le daba una sensación única y satisfactoria que lo hacía disfrutar ese breve tiempo, trasportarse a la juventud de su padre antes de alcanzar la antesala de la vejez a quien respetaba y le tenía una ferviente admiración. Algunas otras noches seleccionaba películas no convencionales o comerciales, las francesas eran sus favoritas, se imaginaba recorriendo esas calles de arquitectura bien alineada, subiendo y bajando puentes, caminando las inmensas e históricas avenidas, el idioma le fascinaba, trató de aprenderlo de manera autodidacta, logró entenderlo un poco, algunas frases, nunca lo pudo pronunciar, lo leía con mayor facilidad, pero se sentía feliz al menos de haberlo intentado, se comparaba un poco como niño aprendiendo a hablar esa legua romántica. Al final del día daba las buenas noches a sus tres mujeres con un beso.

Pasaron los días, temporadas, las estaciones siguieron, los días buenos y malos, los días grises y soleados, las alegrías, continuó esa lucha constante que todo hombre tiene en la mente; altibajos, el día a día a buscar esa felicidad, esos antídotos que nos hacen sentir bien, plenos, satisfechos, alegres, estar conformes con nuestra vida, con lo que tenemos no sólo en lo material, sin ser conformista, y aún más en lo interno. Entendió que era un asunto espiritual, estar apacibles y en paz con nosotros mismos y con los demás, hacer lo correctamente posible, ayudar, pensar y hacer el bien, contribuir a los cambias positivos, hacer este lugar mejor para su descendencia directa, sus hijas, nietos, para las futuras generaciones.

Una noche se acostó con ciertas preocupaciones, daba vueltas en la penumbra de la noche, no concebía el sueño, le vinieron angustiosos pensamientos hasta que se vio así mismo caminando lentamente, entre un silencio absoluto podía ver nítidamente sus pies con cada paso que daba y a lo lejos logró ver el alba en un campo inmenso y solitario, con el color del oro en las espigas, las acariciaba al caminar estirando ambos brazos a la altura de la cintura y estirando las palmas de las manos para acariciar su rocío, la frescura del trigal. Empezó a murmurar con una voz sueve:

—He visto "Esta noche…

...he visto el trigo,
el trigo soñador,
el trigo y la espiga de toda la humanidad
en estos campos.
Yo lo he visto, esta mañana hacia las cinco,
cuando llegó Cristo,
la hora pálida en la que nacen los niños,
en la que estallan los incendios.
Era tan hermoso. Dormían tan apaciblemente.
Y Cristo caminaba como una luna a través del trigo.[7]

No sintió el tiempo, no supo en qué momento se hundió en ese sueño irrepetible, un sueño de paz absoluta, y el haber expresado esas palabras, no supo cómo había pasado, no como otros que se olvidan al instante, que no recordaría nunca más, este había sido diferente, tan real, tan plácido, un sueño que le dio total tranquilidad y absoluta confianza, había amanecido, no creyó lo que había visto, junto a quién caminaba, no había querido jamás despertar ante tal presencia y seguir así por toda la eternidad, lo tomó como una revelación, una manera de mensaje esperanzador de continuar, se impulsó a ponerse de rodillas buscando el cielo por la ventana, antes, jamás había sentido esa gran fuerza inexplicable, agradeció por un día más de vida, por su familia: el futuro estaba resuelto. Salió con absoluta determinación y seguridad a seguir su vida.

---

[7] Sarvig, Ole. *Jeghuset* (1944). Incluido en *Poesía nórdica*, editado y traducido por Francisco J. Uriz, Ediciones de la Torre, 1999.

Crónica de los ritos imaginarios
de cierta clase de cierto país

Hay cierta clase —como en los tiempos de la monarquía o de la aristocracia, como la de los reyes, virreyes, emperadores con todos sus cortesanos— que requiere del servicio de otras personas, como estos que se reúnen a tempranas horas a colación, donde los choferes se encuentran ya listos afuera de las grandes casas, o más bien residencias, con sus clásicos sacos negros casi siempre más largos de las mangas, de peinados relamidos o bien los de la época, como ahora, rapados más a la altura de las sienes, listos en la camioneta u otras dos más con sus respectivos acompañantes siendo ya bastante el número de tripulantes para ir sólo por uno, mientras los personajes principales de la "clase política" afanosos en la búsqueda de rescatar al país, salvarlo del hoyo en el que se encuentra según dicen, una vez ya listos emprenden la huida en esas lujosas y modernas camionetas o vehículos portentosos, todos de reciente modelo que van en caravana con las luces encendidas y la clásica placa metálica a la vista. Se dirigen rumbo a esos lujosos restaurantes en zonas exclusivas y bien etiquetadas repletos de "gente importante". Ya lo podemos imaginar: gentes de Estado, políticos de diversas corrientes ideológicas como pueden ser las antagónicas —por cierto ahora inexistentes como las de centro, de izquierda o de derecha— y que después de cierto tiempo acá se han convertido entre ellos en los mejores aliados según los intereses y de acuerdo con los implacables tiempos electorales. Realizan largos desplazamientos por la antigua gran ciudad azteca, con las vicisitudes del tráfico que rápido sortean a nombre de una charola, donde de acuerdo con la leyenda se les deben brindar todas las facilidades que así sean necesarias; legisladores, magistrados, jueces, empresarios, gobernadores y hasta alcaldes de las importantes urbes, grandes hombres de negocios hacen su arribo. Van llegando uno a uno, formando sus grandes y lujosos vehículos, van bajando y avanzando.

Los particulares llegan antes de que estos realicen un movimiento para abrirles la puerta, como si las fotografías estuvieran al acecho, estos bajan a prisa, entran acomodándose los trajes, el saco, viendo los caros relojes --muchos de colección-- para comprobar si llegaron a tiempo o si están retrasados. Los hay de todos los niveles y funciones, los recién estrenados por la suerte, su primer cargo; los hay de toda una trayectoria, los mismos de siempre en cada elección o los que cambian de colores de acuerdo a la circunstancia --que popularmente se conocen como chapulines-- los hay también los casi vitalicios bicamerales, los que saltan de una a otra, o los privilegiados "de las listas", hijos de tales o cuales; otros, los verdaderos conocedores de la política, pero otra vez "los mismos", dice el pueblo: los mismos apellidos, las mismas familias, los hombres y mujeres de Estado, los de la vieja escuela que saben colocarse "trienio tras trienio o sexenio tras sexenio" valgan las repeticiones. Los hay doctrinarios, ideólogos, académicos que terminan siempre absorbidos por el mismo sistema para entra al mismo juego; los hay también beneficiados por lazos consanguíneos, o bien producto del amiguismo, muchas generaciones llamados "juniors" se vieron beneficiados por esas benditas virtudes del régimen político en turno. Otros como sigue vigente, entran por la inercia o por la marea política, el arrastre electoral, como en los setentas y ochentas, son los de la suerte de la inercia del voto popular, un voto masivo y, a colación, detentaron por décadas estos privilegios. Mientras tanto, los guardias, choferes y hasta los particulares que, también a colación, se sienten los dueños de las calles no sólo por portar armas con licencia sino porque están bien relacionados con su jefe, siguen afuera amontonados, asoleándose, pendientes de tomar el teléfono o agendar alguna importante reunión, todos en alerta.

Estos personajes principales hacen un recorrido solemne antes de llegar a sus mesas, hacen toda una ceremonia para ir saludando a sus conocidos, compañeros, colegas que coinciden en estos lugares. Se empiezan a escuchar los estruendos del choque de los cubiertos, platos, vasos, los bullicios y en algunas mesas las risotadas tempraneras. Son ya aproximadamente más de la nueve o diez de la mañana. El desayuno es obligado, no debe faltar antes de las sesiones, de la entrada del todavía gigante aparato burocrático o tecnocrático, según sea el turno antes claro está de las "tomas de decisiones por el bien de la sociedad" o de impartición de justicia, dependiendo de los acuerdos, las reuniones pueden efectuarse en salones contiguos según la importancia. Si son todavía de mayor envergadura se realizan fuera del bullicio y del ojo público y porque no fuera del país, los niveles decisorios son diversos y de importancia.

Nuevamente, en las tardes es casi el mismo ritual: choferes, guaruras, particulares o una asistente nueva, camionetas y personas afuera, adentro los saludos estrafalarios, carcajadas, sonidos de las llamadas telefónicas, la mezcla de los olores de los platillos. Las citas son con los mismos u otros personajes de la mañana, los mismo ostentosos restaurantes en zonas exclusivas, lugares bien definidos, costosos, rimbombantes, también siendo los dueños quizá los de la misma clase política, de amigos selectos, o los de descendencia argentina, española, italiana o libanesa, lugares donde no cualquier persona puede pagar tan solo un plato o una simple bebida y de los cuales no se atreverían a pisarlos tan solo; mesas reservadas, platillos especiales bien adornados, botellas favoritas bien añejadas altamente costosas, postres, café al término de la comida; cuando se permitía fumar, los salones llenos de humo de tabaco o cigarros de moda, música de fondo, un piano o violines; meseros van y vienen a la exigencia de los comensales, enormes cuentas por pagar a nombre y a cargo del Estado para facturar y comprobar en nombre de la representación.

Los hay quienes están alegres por haber conseguido los propósitos de "la función pública", han conseguido satisfactoriamente cerrar un excelente y productivo negocio, --personal claro esta-- otros, como contrarrestarlos, nunca faltan a colación, la invitación de nuevas conquistas a las mujeres de tal o cual bancada o simples asistentes recién estrenadas en el recinto, y, desde luego, el motivo primordial, los grandes acuerdos del Estado por el bien de la sociedad, por el bien común, y a contrapunto de las personas que se ganan la vida honestamente sin mancharse la conciencia.

Estos se encuentran en la incansable búsqueda para la firma de un contrato a modo, o la manera de ganar una licitación millonaria, abrogar una ley que perjudica a unos cuantos, justificar una iniciativa de ley que favorezca también a unos cuantos, la repartición de cuotas de todo tipo, cargos públicos en la administración de primer y segundo nivel, la repartición de carteras de carácter partidista, las prelaciones, las suplencias, o bien todo lo que se tenga que maquillar; de cómo desparecer, desviar o triangular los jugosísimos recurso del erario público a prestanombres o cuantas bancarias en el extranjero, en compras simuladas; en cómo repartirse gobiernos, alcaldías, municipios, distritos; cómo triangular las partidas presupuestales; cómo hacer empresas fantasmas;

cómo lavar dinero mal habido -robado o no comprobado- cómo meter material de baja calidad en tal o cual construcción para sacar beneficio; cómo justificar materiales baratos para justificarlos caros en alumbrado, puentes, escuelas, carreteras, hospitales y en toda la infraestructura habida y por haber; cómo desaparecer expedientes, documentos que podrían servir de evidencia, compras inexistentes; cómo evadir los impuestos a la hacienda; cómo ingresar facturas sobregiradas o falsas; cómo llenarse de beneficios de políticos con empresarios en el ramo energético, mobiliario, trasportista, refresquero, en telecomunicaciones; cómo concesionar a favor los recursos naturales como el agua, minas, bosques, playas, mantos, etc., y todos lo que existan para sacar provecho económico personal, familiar, sin mencionar entre otras la estrategia de las millonarias compras de votos, compras de personas, y lo más importante para cimentar "los valores entendidos" con la cadena de pago de favores, encubrimiento de complicidades y todo lo que genere beneficio personal y de un grupúsculo, siendo esto la constante.

Qué decir de los arreglos entre poderes, grandes acuerdos para que las resoluciones "salgan a modo", para que el ciudadano, el microempresario, el agrarista, ejidatarios o a quienes hayan de perjudicar no tengan manera de "recular legalmente" ante estos grandes e imponentes acuerdos político-judiciales, político-empresariales, y otra vez el beneficio sea para unos cuantos, como ha sido en la liquidación paupérrima de tierras expropiadas, haciéndose de ellas grandes negocios en carreteras, plazas comerciales, "signo de un desarrollo", o la construcción de grandes complejos hoteleros, o de tipo residencial; o simplemente hacerse de terrenos para revenderlos al mil por ciento más al mismo gobierno; que decir de las llamadas telefónicas secretas y jerárquicas, horizontales, para no girar órdenes de aprensión, la desaparición de expedientes, como liberar a tal o cual personaje de la imperdible delincuencia organizada o "dar el pitazo" para la evasión legal o "dar fuga" hasta delincuentes de cuello blanco.

Esto tan solo es una muestra, todos estos desayunos, comidas, cenas, festejos, bodas, cumpleaños, realizados hasta en museos o monumentos históricos a costa también del erario público justificando gastos aparte en gasolina, viajes, hospedajes, casetas, equipos telefónicos, cirugías, ropa, espacios publicitarios y un sinfín de lujos a nombre de la representación social emitida en un voto, a nombre de la doctrina de Rousseau o Montesquieu en el equilibrio de poderes y la representación política en un régimen altamente democrático a nombre de la razón de Estado acuñado por Maquiavelo y por todas las doctrinas que defienden y justifican la verdadera función del Estado -como las de Hegel, Kelsen o Weber-, a nombre de las luchas revolucionarias e independentistas para eliminar la reelección, la instauración de la rendición de cuentas, a nombre del desafuero para evitar la impunidad, a nombre de las luchas en contra del enriquecimiento ilícito, a nombre de la transparencia y honestidad, a nombre del servicio civil de carrera, a nombre de una sociedad más justa e igualitaria: lo de hoy, la mentalidad de ingresar a la política, a esa hermosa y noble función pública, siendo un arte, ya no es por vocación —sin generalizar—, desde el más modesto cargo público siendo también de importancia hasta el más ostentoso cargo, es ingresar únicamente al negocio redondo más productivo para beneficiarse o entenderlo mejor, para enriquecerse "ahora o nunca", como le llamaban en el Derecho Romano, de la *res publica*, porque en la demagogia se dice que "la patria es primero".

Última carta

No sólo eran las flores su mejor regalo, las escogía con tal cuidado para que le gustaran a su amada. Estas siempre venían acompañadas de una carta de su puño y letra, pensamientos, frases declarándole su absoluto enamoramiento, la admiración a su belleza, su lealtad y absoluto respeto hacia ella, su amor incomparable, como se lo llegó a expresar. Le demostraba querer estar siempre a su lado, pero ahora, inexplicablemente, como sucede en el amor, donde muchas veces se rompe del lado más frágil y donde uno es más fuerte que otro. Ella, como también pasa en la mayoría de las relaciones, era la más fuerte de los dos, y decidió no continuar, poner punto final a esa relación que parecía irrompible. Fue así como, después de tantos intentos por convencerla, le escribió su última carta, que decía: "Esta será última carta que te escriba. No desprecies estas palabras, no las maldigas, que tu orgullo no te permita desecharlas, a este amor que aún vive y late. Sólo te pido un poco de tiempo…

…un poco de tiempo para no pensarte, para dejar de soñarte en mis noches insomnes, para dejar de ver tus ojos delirantes que me persiguen, dejar de imaginar tus labios posados en los míos, sentirlos en un beso furtivo. Dame tiempo para no recordar las veces que nos fundimos embelesados, para olvidar los días en lo que mis besos se enredaran con los tuyos y otras más después de tenernos, cuando al final intentaba peinarte como lo haría el marinero a su sirena recién encontrada.

Un poco más de tiempo te pido para no recordar las veces que grabé tu nombre con mis besos suavemente, desde tu cuello hasta lo recóndito de tu ser. Sólo un poco más de tiempo, amor mío, cuando deje de hacerlo entonces habré partido en silencio, lento y nostálgico. Habré dejado el muelle de tu cuerpo, me habré marchado de tu encantado puerto. Para entonces mi barca estará en altamar, mi corazón se habrá desahogado, habré dejado atrás tu playa cristalina, interminable, dejaré el calor de tu arena en las que anduve descalzo.

No volveré atrás para no hallarte, seguiré hacía el otro extremo del mar de donde vine y sólo podré mirar hacia adelante, a un nuevo horizonte.

Habrá pasado tiempo y yo estaré en otro puerto, en otra isla, en otra playa cálida, ya habré dejado de pronunciar tu nombre.

Sólo te pido un poco más de tiempo, amor mío, para no volver a ti.

Camino sin regreso

La agencia se había encargado de realizar todas las gestiones de pago y reservaciones, les hablaron y convencieron de un lugar sensacional e irrepetible. La familia se dispuso a disfrutar de unas vacaciones de verano, se trataba de una playa de nombre "Encantada", un clima sin calor sofocante, un mar de agua templada, sin olas intempestivas, una arena relajante, rodeada de bahías preciosas con vistas de ensueño, situada en una ciudad naciente y de rápido crecimiento ordenado.

El hotel se encontraba al lado de la playa, en lo alto, fuera del alcance de alguna ola perdida y provocadora, decidieron irse en su propio vehículo al considerar que medio día de viaje no era pesado considerando una escala exactamente a la mitad del camino.

El último tramo, que era de aproximadamente dos horas, les pareció del doble o triple de tiempo en esa carretera que parecía no tener destino ni final, con impaciencia lograron llegar a la cuidad iluminada con un sol radiante que resaltaba en el verdor de los contornos y camellones de la cuidad; la embellecían las grandes coloridas flores que siempre crecen en las costas, a su vez las palmeras bien alineadas le acrecentaban cierto esplendor.

Una vez en la ciudad, buscaron la playa anhelada, a la cual tuvieron serias dificultades para llegar, de nada les sirvieron los mapas tanto digitales como impresos, se contradecían con los anuncios: no podían llegar, los mapas decían a la izquierda, los anuncios derecho, el otro mapa a la derecha y todo lo demás con flechas hacía adelante; otros dar vuelta en U.

Los pobladores también se contradecían, unos señalaban, "Van bien así derecho", otros decían, "Ya se pasó, tendrá que regresar", daban vueltas, parecía esa ciudad un laberinto que no tenía salida, llegaban al mismo lugar, llamaron a la agencia, el número no existía, no hubo éxito por ese lado, y volvían a la misma osadía de buscar la playa deseada.

Después de haber perdido la noción del tiempo, por azar y con suerte llegaron a un camino recto, y el padre, quien conducía, vio a lo lejos un camino sin anuncios, una entrada rustica sin ninguna señalización previa, en un acto de desesperación y todos atentos, coincidieron en el interior del vehículo que ese lugar llegaría a una playa, al mar finalmente deseado, fue con un intempestivo giro con el que el conductor arribó entrando a un camino de terracería, avanzó un par de minutos, nadie habló, pero todos con los ojos atentos en espera de lo desconocido de no saber si se trataba de alguna otra sorpresa, vieron a lo lejos un letrero de madera a punto de caerse, pintado de colores que apenas si se distinguían por lo desgastado de la intemperie. Decía, <Playa Encantada>, todos al unisonó gritaron, se escuchó la alegría, el júbilo de haber llegado sin querer al destino correcto.

Pasado los días y al cumplirse el descanso y debido disfrute, ahora tocaba el turno de regresar, fue similar, más atroz, aún más desesperante que la misma llegada. Tenían que regresar a sus actividades cotidianas, a sus trabajos, realizar exámenes, seguir con proyectos, continuar con la vida en la que habían nacido, volver al lugar en el que residían, donde tendrían los hijos que casarse, donde tendrían los nietos que nacer y donde deberían ser enterrados los mayores y así sucesivamente hasta las últimas generaciones.

No podían salir de la ciudad; las mismas dificultades, mapas equivocados, letreros encontrados, malas orientaciones de los pobladores, la misma travesía sin éxito. Tuvieron que regresar al anochecer al mismo hotel, tendrían que descansar, dormir, y al siguiente día emprender el viaje de regreso.

Lo mismo: un día completo sin encontrar salida, de vuelta al hotel, así pasaron tres, cuatro días, hasta completar semanas. Los trabajos se habían perdido, los exámenes habían pasado, los proyectos se habían olvidado, y el dinero se iba agotando. En el hotel les habían ya dispuesto el alquiler de habitaciones más cómodas y una cocina en común bien equipada. Una mañana, reunidos en la orilla de la playa, serenamente tomaron la determinación los padres de buscar trabajo, los hijos de buscar escuelas y de realizar nuevos proyectos. Los trabajos fueron encontrados en una ciudad naciente y próspera, las escuelas fueron elegidas y adecuadas para cada uno.

Años más tarde, ya con casa propia y agradecidos por sus nuevas amistades y una vida alegre, los padres continuaron trabajando hasta su retiro, los hijos presentaron exámenes hasta graduarse, los proyectos fueron exitosos, los nietos fueron creciendo por varias generaciones en esa ciudad de la que ya no pudieron salir.

El olvido

Se acercó llorando con el rostro lleno de lágrimas, buscó a su mamá de inmediato, esta lo recibió con los brazos abiertos, aún tenía puesto el delantal con el prodigio de ser una buena cocinera, lo consoló secándole las lágrimas. Su padre, al fondo, sentado en un sillón de cuero desgastado y sosteniendo el periódico con ambas manos en un rincón del hogar junto a un antiguo radio, escuchaba canciones de antaño por amplitud modulada, sólo lo miró de reojo al ver que la madre lo atendía. Preguntó su madre el motivo del llanto, él con el rostro aún húmedo, no supo qué responder. De un momento a otro preguntó por los compañeros de trabajo con los que había luchado en su juventud por las mejoras de las condiciones laborales frente a esos fríos ingleses dueños de la enorme fábrica que había tenido su auge hasta la huelga, preguntó por su maestra del colegio, ella siempre con las manos llenas de tiza blanca, una maestra de mentón fuerte, siempre bien presentable, tierna, pero rigorosa y exigente para que sus alumnos fueran hombres de bien. "Maestra Elba", dijo repetidas veces, buscó a su compañero de banca, un tal Mario Tobón se le escapó el nombre y tampoco lo halló.

Asustado de no ver a nadie, se sintió aún más abrumado, desorientado, o quizá lloraba porque se sentía perdido en el laberinto de pasillos con grandes ventanas que daban a jardines inertes, estáticos, junto a grandes patios asoleados a plomo. *Soy un vagabundo*, se dijo, *quién soy realmente, qué lugar es este*, nada le era familiar ni alegre, una angustia mayor se apoderó de él. Inquieto, miró de un lado a otro y sólo pudo reconocer, sobre una mesa, una cajita de zapatos con sus artículos personales, un rastrillo metálico, un cepillo dental demasiado desgastado, un peine color hueso, unas sandalias afelpadas y su pijama favorita de algodón para resistir los fuertes fríos de invierno.

Miró un par de segundos a la enfermera, la misma que le secaba las lágrimas momentos antes y de inmediato preguntó por sus hijos, por su amada esposa que había muerto meses atrás. No nombró a ninguno, sólo recordó a cada uno de ellos; en cada imagen estaba presente su esposa sonriente, de pie, observando siempre con un gesto silencioso de agradecimiento como testigo de una felicidad que parecía perpetuarse en ese hogar dichoso. Se fue calmando, no expresó ninguna palabra, fue entrando en mayor confusión, empezó a decir, "soy un vagabundo" en repetidas ocasiones. Volvía a llorar como al principio, "ahora soy un hombre olvidado, nadie puede verme, nadie se quiere acercar a mí, quién soy", se preguntaba delirando, "perdí acaso la razón, no reconozco este lugar": era un lugar frío.

Ahora sudaba, temblaba un poco de las manos, quería ponerse de pie, no logró incorporase, fue llevado a lo que iba a ser su dormitorio compartido. Había logrado calmarse, lo sentaron junto a otros, percibió al instante un fuerte olor a orines, se observó a sí mismo, bajó la mirada hacía su pantalón, creyó haber perdido el control de los sentidos, miró a su alrededor, observó que su compañero tenía el pantalón mojado con un charco amarillento a sus pies, apretó la mandíbula, se volvió a sentir confundido, pensó que el lugar era un hospital, una iglesia o un refugio de locos o vagabundos, las voces hacían cierto eco. *Dónde estoy*, volvió a preguntarse, creyó incluso que tenía un profundo sueño desolador, una pesadilla. *Dónde quedaron mis pensamientos, mis promesas, mis anhelos, lo que pude lograr con gran esfuerzo.* En ese momento le acercaron un plato de comida que le recordó de inmediato nuevamente a su familia, a su jardín lleno de plantas de ornato bien cuidadas y frondosas, al sonido de sus canarios amarillos y blancos, al picoteo de estos a los trastes del depósito de alpiste y la jaula , recordó la cercanía de su gato a sus pies, ronroneando a la hora de la comida, el olor a los guisos de su esposa que se impregnaba en lo alto de las vigas de esa casa antigua, no logró escuchar el movimiento oscilante del péndulo del reloj de pared, le vino la imagen de su antiguo automóvil de gruesa lata, un vehículo largo con unas partes oxidadas. *Dónde está mi casa*, se preguntó. "Por qué estoy en este lugar que nunca había visto, no me reconozco", balbuceó con la mirada casi delirante. "No soy yo, esta no es mi vida, esto es un mal sueño.

Cayó delirante el anciano en su nueva soledad, le pusieron compresas en la frente, le sujetaron las manos, trataron de controlarlo con cierta fuerza, otras voces intentaron calmarlo, nadie podría responder las preguntas que hacía. Pudo distinguir con claridad la voz de una enfermera que le retumbó hasta el fondo del alma hasta perderse como un zumbido prolongado: "Lo trajeron al asilo por la mañana, no nos entregaron ninguna documentación de él, sólo sabemos que le dijeron, 'Adiós, maestro Enrique'.

La novia del mar

Llegó sola a uno de los poblados más alejados de playa encantada, de la noche a la mañana se instaló, pocos lo notaron. Nunca se le había visto ni en los alrededores, ni se supo nunca su origen, ni su nombre, ni descendencia, habitó una casa que había estado abandonada por varios años.

Era una mujer solitaria, de exquisito cuerpo, como le decían los lancheros de la comunidad, visiblemente de pronunciadas curvas, una cadera perfecta para sostener sus firmes y redondas nalgas bien proporcionadas al resto del cuerpo, de piernas firmes y contoneadas, sus senos redondos, prominentes y erguidos, de cabello largo, ondulado, a mitad de espalda, su sonrisa disimulada y unos ojos verdes encantadores a los que pocos podían sostenerles la mirada, mujer de pocas palabras, o más bien sólo utilizaba las necesarias. Al acudir al mercado local, sólo correspondía a los amables saludos de los hombres atrevidos para mirar sus ojos; su rostro sereno daba tranquilidad y confianza a pesar de su imponente personalidad.

Lo rumores empezaron a llegar, se decía que venía escapando de una decepción amorosa, otros decían que había sido abandonada desde niña y era una mujer errante, otros más despiadados, que había perdido un poco la razón.

Con el tiempo, algunos pescadores la llegaron a ver antes de la claridad del amanecer, primero, sentada frente al mar, como si tuviera una larga conversación, después de un tiempo, se levantaba viendo la majestuosidad que tenía delante de ella, y cerrando los ojos como descifrando el sonido de las olas; enseguida se empezaba a despojarse de toda su ropa y la veían entrar al mar.

Se ganó la confianza de un par de mujeres de su edad, les confesó que su único amor era el mar, verlo y escucharlo la hacía más sensible, le despertaba la sensualidad y el deseo, le imponía su rigor y solemnidad, también llegó a decir que era el único que merecía la belleza de su cuerpo y su respeto. De ahí surgía la razón de ponerse frente a él, desnudarse en esas madrugadas y entrar delicadamente caminando de puntitas, se dejaba poseer por el agua marina que entraba en cada rincón de su cuerpo haciendo los movimientos apropiados para ello, la extasiaba y no llegó a sentir nunca frío, al contrario, todo le era cálido, su cuerpo de inmediato entraba en un calor inexplicable, era arrastrada, flotaba dejándose llevar por el oleaje, se sumergía y volvía salir, daba vueltas, una vez satisfecha salía, caminaba hacía la playa, secaba su frondoso cuerpo, se vestía y regresaba a su casa complacida poco antes de ponerse los primeros rayos de sol. Los pobladores la llegaron a conocer simplemente como la novia del mar.

Fórmula encontrada

El hombre salió del Instituto de Ciencias Físico-Matemáticas de una larga plática con los directivos. Era de los mejores investigadores y catedráticos, los papeleos le eran innecesarios, ese era su gran problema, dejaba por descuido ganar premios, conseguir estímulos, incentivos, y hasta cobrar regalías por sus publicaciones, siempre simpático, de carácter ameno y tratable. Muy pocas veces se le veía molesto; debía de ser una situación bastante desagradable para llegar a ese estado emocional. Esta vez había dejado pasar un ciclo de conferencias y la oportunidad de ser catedrático en universidades en el extranjero, que sin duda daban mayor prestigio a la misma institución y a su ya consolidado renombre, aceptaba parte de culpa, era distraído y descuidado en este aspecto.

Salió de esa reunión con una amonestación, pese a ser un hombre de ciencia, escuchó voces molestas que, si bien cuidaban detalles, no dejaban de ser una llamada de atención, ya para el final de la reunión perdió el hilo de las palabras, su pensamiento estaba en otro lado. Desde hace algunos meses se notaba mayormente distraído, pese a ello, nunca perdió la gentileza de su personalidad, seguía siendo un hombre gentil, saludaba con amabilidad a todos, desde el portero hasta jardineros, podía charlar con cualquier alumno o colega que se le acercara con la confianza que daba, hasta con el mismo director podía conversar siendo este un hombre que daba terror, un hombre sajón, osco, demasiado alto y frío que sonreía poco o casi nada, de pocas palabras, siempre embutido en trajes oscuros y una agenda en mano.

Al salir de la enorme y fría sala de juntas repleta de sillas debidamente ordenadas frente a una mesa olorosa, brillante, de madera larguísima, donde se tomaban los destinos del instituto; vestida al fondo una vitrina repleta de condecoraciones, trofeos, medallas y reconocimientos, adornada por el escudo del instituto al centro, de madera de cedro; al salir no comprendió del todo las observaciones. Sabía que lo más importante en la investigación, encontrar nuevas fórmulas, ese era su principal razón, no así los enredos burocráticos.

Por semanas se sintió mal consigo mismo, comprendió que había dejado ir oportunidades importantes, como dejar huella de su enseñanza en otras latitudes, compartir la innovación de sus fórmulas y el descubrimiento de otras.

—Tuve culpa, debí seguir simplemente las recomendaciones, escuchar, tan sencillo como eso; entender los procesos administrativos.

Sintió un desdén por sí mismo, esos momentos de los que llegan por ciertas circunstancias que la vida nos pone. Reconocía que no se encontraba del todo bien, sin embrago no podía identificar el origen del malestar, y no era exactamente el momento vergonzoso que había pasado.

Una tarde, bajo los mismos pensamientos, y absorto, decidió salir a caminar después de clases por las amplias y largas avenidas, reflexionaba a la vez, *¿qué estoy haciendo de mi vida, qué he dejado de hacer todo este tiempo?* Se había olvidado del él mismo, no supo en qué momento su pensamiento únicamente se enfocó en el movimiento de los números, que le era un verdadero delirio y satisfacción dominar, invertir, jugar con ellos, su tiempo se diluía en esa red interminable, su vida se basaba ahora en reglas de derivación, despejes, intercambios de signos, teoremas, en las integrales lineales, cuadráticas, múltiples, en las casi infinitas combinaciones de fórmulas, de todas las que estaban por reafirmarse y otras por consagrarse en esta ciencia, ya no tenía interés en la realidad de su entorno, en los problemas cotidianos del mundo; qué decir el apreciar los detalles en un cálido atardecer, en tener una conversación fluida de una película o novela, hacer una caminata bajo la sombra de alineados árboles, contemplar el lago o ver caer la lluvia.

De repente un vértigo lo alcanzó, no lo dejó avanzar, tuvo que sentarse en la banca del parque, desabotonó su larga gabardina beige para acomodarse al sentir enseguida un mareo provocado por todos estos pensamientos, sintió que todo le daba vueltas, sólo distinguía los gritos de unos niños que jugaban en las grandes fuentes cercanas a la banca, estaba aturdido, desorientado, irónicamente no podía calcular a cuantas cuadras se encontraba de su objetivo previamente planeado, sabía que se encontraba cerca de la casa de una colega suya, una físico más joven, de aspecto naturalmente sensual, de ojos expresivos, sonriente, siempre dejando al paso un olor dulce y agradable que costaba olvidar; su voz encantaba, era la más solicitada en las asesorías de los alumnos, buscaban pretexto sus colegas para acercase a ella, para mirarla a través de su larga y ondulada cabellera y disimuladamente atrapar su olor, su sonrisa era tan alegre que le competía a una tarde de primavera. Ella había confesado que sentía no solamente una admiración profesional por él, sino una fuerte atracción a su personalidad y madurez, le era amable y detallista.

La determinación había sido ir en búsqueda de su bella y joven colega, quería un consuelo que ahora no le daban los números, deseaba demostrarle y corresponderle todo el afecto que ella le ofrecía diariamente. Se tranquilizó, se levantó lentamente, se volvió a ajustar y abotonar la elegante gabardina por el frío que sintió en esa tarde nublada, se acomodó el cabello como alistándose para dirigirse a la cita que él mismo se había propuesto al salir de clases: un encuentro sorpresivo. Empezó a caminar de nueva cuenta.

Ambos vivían solos, el estudio no les permitía darse el tiempo para el amor, las citas las dejaban para después, para el siguiente fin de semana y así sucesivamente, emplazarlas y nunca llegar.

Ella, al abrirle la puerta, y él, al verla, toda la armadura de números se le vino abajo como un cristal al hacerse añicos al tocar el suelo, esparciéndose por todos lados los finos cristales, quedó asombrado como si fuera la primera vez que veía esos bellos ojos siempre alegres que lo recibían, por esos labios que le sonreían y le hablaban, por esas curvas tan definidas de la boca que hacían un juego espléndido con la nariz y todo su rostro, le extendió la mano para hacerlo pasar haciendo sonar tenuemente las pulseras que llevaba puestas, conversaron, rieron durante el resto de la tarde bajo una llovizna tenue, tomaron café que ahora sí pudo disfrutar, la mezcla del olor de ella y el café lo dejó con un nuevo delirio, el amor que sintió por ella al anochecer fue exponencial. Fue entonces cuando se dio cuenta que al amanecer junto a ella al fin había encontrado la fórmula perfecta de disfrutar nuevamente cada detalle de la vida y que también lo había salvado de un enmarañado fatal de números que cada vez se iba enredando peligrosamente en su lúcida memoria.

El último vuelo

La vio entrar al mismo bar donde él estaba desde hacía una hora. Él se encontraba al fondo, casi pegado a la barra, en una mesa solitaria, como de costumbre; era ya una tradición de varios años, la pudo identificar de inmediato, su delicado y discreto contoneo la delató al entra a pesar del deslumbramiento de la luz que venía de fuera.

Cuando eran niños, ese caminar era el mismo, solían jugar toda la tarde después del colegio calculando instintivamente que después de los alimentos y al término de las tareas salían los niños de la cuadra a jugar a esconderse, atraparse, andar en bicicleta y a inventarse nuevos juegos; niños y niñas se mezclaban, en otras ocasiones ellas se separaban para tomar el té y hablar de los chichos que les atraían mientras los niños se organizaban con juegos de pelota y otros más bruscos. Desde niña su carita era la más dulce entre todas, una sonrisa marcada por un par de hoyuelos a los costados del rostro, unos ojos profundos y largas pestañas; de tes entre blanca y rosada, siempre bien ataviada con llamativos vestidos floreados, calcetas con olanes, zapatitos al color del vestido y su olor característico a perfume de rosas. Todas las niñas la seguían sin envidias y él, desde niño, estuvo completamente enamorado de ella, si a esa edad se le puede llamar enamoramiento, en cambio él era un niño común, como todos los demás, sin alguna característica especial que lo distinguiera, salvo la de ser siempre su defensor en el momento oportuno, como era natural, otros niños sentían atracción por ella y como en todas las generaciones siempre está el que cree merecer todo, incluida a Clarita, como todos le decían.

Siempre fue su protector ante los insolentes, quienes de manera irónica imitaban sus gestos, movimientos, y su voz marcada de sarcasmo, era entonces cuando él entraba a salvarla de los malos momentos para ahuyentarlos, fue también su auxilio en las tareas, tenía el privilegio de ir en el mismo grado, así hasta el bachiller, ahora más corpulento y de mayor estatura que ya sobresalía de las demás, le cargaba la mochila a Clara, -como le llamaba su madre al enojarse-, no sólo por las atenciones que tenía con ella, sino por la fineza de su cuerpo, ella nunca lo desairó con algún mal trato a Rodri, como le gustaba llamarlo, así fue hasta que se separaron. Clarita continuo sus estudios de azafata que terminó exitosamente; tuvo que emigrar de su ciudad para conseguirlo, él se convirtió en un talentoso economista y quedó permanentemente en el aparato burocrático como un excelente asesor y estadista sin importar la ideología de los gobiernos que arribaban al poder.

Ella se dedicó a viajar por el mundo, largos años fueron de esta actividad, a su regreso en cada periodo de vacaciones, era siempre recibida con unos brazos abiertos y ella correspondía con una espléndida sonrisa, la misma que le hacía rendirse desde la niñez, no olvidaba traerle recuerditos como llaveros de la estatua de la libertad, la esfinge, la torre Eiffel, una postal del puente de Bridge o de la fuente de Cibeles con dedicatoria, figuras en miniatura como un Cristo Redentor y la torre de Pisa, una máscara del carnaval de Venecia, un sombrero charro, una hoja de maple, una llama de lana del Perú, playeras estampadas, una albiceleste, camisas selectas o de seda, sombreros elegantes, inciensos deliciosos del Oriente, conchas y estrellas de diversos mares, pipas de los Países Bajos, relojes suecos de pared, puros cubanos, libros de ediciones especiales como el *Quijote* o *Las Mil y Una Noches*, tarros alemanes, chocolates belgas y un sinfín de detalles que él conservaba de manera especial en una vitrina de su hogar.

Durante el bachiller él estaba decidido a declarar su amor que perduraba desde la infancia y aún latía cada vez más fuerte, cuando tuvo la oportunidad prefirió guardárselo. Previo a ingresar a la universidad visitaron el bar sentándose junto a la barra, donde conversaron por largas horas deseándose lo mejor y una vida llena de éxitos, ella siempre atenta le expresó su agradecimiento con la mano en el corazón y con la voz quebrada por todo lo que había hecho por ella, se despidieron con lágrimas disimuladas y un gran abrazo dejándole en su ropa el mismo olor de fragancia de rosas, nunca hablaron de amor, pero ambos sabían que en el fondo se pertenecían.

Los años pasaron, ella seguía viajando, encontrando amoríos furtivos, y él en cada cambio de aparato gubernamental encontraba alguna aventura, romances pasajeros y hasta prohibidos. Cada año él iba exactamente al mismo bar, en la misma fecha de aquella despedida, y se sentaba precisamente en la misma mesa junto a la barra, cuando, sin previo aviso, ella entró sin dudas, segura de encontrarlo, dirigiendo su mirada al lugar indicado y sus pasos en dirección al lugar donde se dieron el abrazo. Esta vez, ambos sabían que se habían vuelto a encontrar para no separarse jamás.

En el andén

Mientras esperaba, veía pasar a personas de todas las edades, observaba sus pasos. Los niños, en absoluta despreocupación, dando saltos, miraban en todas direcciones. Los adultos, en cambio, con la mirada pensativa, distraída, preocupada o reflexiva, iban y venían, muchos llevaban también unos ojos notablemente entristecidos y sus pasos eran más lentos. Noté entonces que muchas personas caminan con el corazón herido, guardando el dolor causado por un amor de pareja o filial, por una traición familiar, o de una amiga o amigo, todos con finales inesperados, cuántas palabras guardadas sin poder decirlas: así el cuerpo también duele, resiente las heridas. La hora se aproximaba, el tren estaba por llegar, volví a concentrarme en mí, me puse seriamente nervioso.
Un reencuentro.

Aunque la conocía, no sabía cuál sería su reacción, ya teníamos otra edad, habían pasado un par de años, un lustro, tal vez, aunque era la misma persona, era como si se tratara de otra mujer, una diferente a la que esperaba. Las personas nunca podemos ser las mimas, el tiempo corre y vamos cambiando con él para bien o para mal.

A lo lejos el singular sonido de los metales de un tren se acercaba cortando el aire. Pensé un momento en ella, la imaginé sentada, viendo hacía afuera, con la mirada fija en el paso del mundo a gran velocidad, escuchando el sonido constante y repetitivo más fuerte que yo, casi rítmico, el mismo de los trenes que pasaban frente a mí en dirección contraria al que yo aguardaba. *¿Pensará en mí?*

El arribo del tren concordaba con la hora exacta de llegada —siempre me he admirado de la puntualidad del transporte en ciertos países. Me sequé en el pantalón el sudor de las manos antes de ponerme de pie, me fui acercando al andén, eran varios vagones, no sabía exactamente en cual llegaría, estaba preparado, controlaba mi respiración y movimientos; el tren se iba deteniendo, emitiendo una especie de silbido hasta abrir sus puertas, previo al peculiar timbrado.

La gente se iba recorriendo para salir a prisa, yo busqué a la mujer que esperaba.

Entre las ventanas y pasillos logré verla, antes de buscar mí mirada fijó la suya en mis manos que sostenía un pequeño ramo de alegres y coloridas flores, para mí una muestra de cálida bienvenida, yo, en cambio, buscaba sus radiantes ojos que nunca olvidé, mis palpitaciones aumentaban. Mientras nos acercábamos, me di cuenta de que se había arreglado, fue como volver a percibir su olor, el que aún conservaba en mi memoria, no sé si lo hacía por costumbre, o si fue por nuestro encuentro, yo también traté de estar lo más decente y presentable para ella.

Mientras llegábamos, pasaron a mi lado otras mujeres y pensé en instantes que cada una de ellas llevaba historias en sus viajes. Las historias no son como una maleta que se puede dejar en algún rincón, olvidada, o que puede vaciarse para abandonar los recuerdos dolorosos. Vi a lo lejos a una mujer que me recordó a un antiguo amor que me había roto el corazón en pedazos, fue entonces cuando caí en cuenta que alguna vez yo también anduve de un lado a otro con el corazón herido y los ojos entristecidos como la mayoría de las personas que viajan en los trenes disimulando mediante una sonrisa.

Ella finalmente se acercó, me miró fijamente y me sonrió. Recordé que yo también le había herido el corazón en un pasado no muy lejano.

Suspiro literario

Finalmente se decidió a escribir. Lo hizo cada noche como un hábito solemne. Siempre había sentido cierta atracción por la lectura antes de ser inculcada por su padre, pero llevó su debido tiempo que sintiera un gusto por ella, se impuso la meta de leer al menos un autor por país, los más representativos de cada continente. Fue así como surgió un interés paulatino por la escritura que hasta entonces no había experimentado, con sus lecturas, fue influenciado seguramente por más de un escritor y poeta. Empezó haciéndolo con pensamientos, reflexiones de pocos renglones, se animaba a seguir intentándolo en esa adolescencia llena de tantos sentimientos revueltos, confusos, contradictorios, época de la vida de sueños, anhelos y desde luego el despertar del primer amor de juventud, el cual tampoco podía prescindir del enamoramiento expresado a través de cartas.

Con el tiempo, escribir se volvió una necesidad para desahogar esa dinamita de emociones que le invadía el pecho hasta sentirse libre de nueva cuenta: nacieron así sus primeros escritos.

Pasó esa etapa, mientras tanto todo lo que escribió, en un cuaderno dedicado a ello, lo conservó durante largos años. Su vida continuó como tantas, tuvo un sinfín de experiencias, decepciones, desengaños, caídas, logros, hasta formar una familia con todos sus bemoles y satisfacciones. Los años siguieron corriendo, y ya en una etapa madura mostró ser un hombre serenado por los embates de la vida, por el peso de las responsabilidades y la normal preocupación por el futuro. Se encontraba estable hasta que volvió a retomar lo que alguna vez había abandonado, sus lecturas, que se hicieron constantes.

En una tarde placida desempolvó su cuaderno, leyó lo escrito con meticulosidad como si tratará de descubrir y descifrar los secretos de otra persona; sus ojos fijos en ese cuaderno lleno de letras a lápiz, a tinta, líneas rayadas severamente, otras con anotaciones, con flechas en algunos renglones, hojas sueltas, otras enumeradas, hojas amarillentas por el desgaste. Al leerlas, en algunas líneas sus ojos se conmovieron, en otras una leve sonrisa dibujaba su rostro, hasta que fue seleccionando y palomeando uno a uno como si se tratara de un estricto profesor que calificaba con rigurosidad.

Otra noche sintió nuevamente la necesidad del desahogo, algún motivo lo habrá aorillado a ese antiguo hábito que abandonó. Decidido, tomó hojas y un lápiz para ahora escribir sobre este cúmulo de experiencias que la vida le había dado, sobre todos esos amores que pasaron y sobre los que no pudieron ser, de la experiencia como hijo, como padre, como idealista que nunca fructífero y otras tantas vivencias en su andar.

Siempre imaginó y admiró a todos esos ilustres escritores. Decía entre confidencias:

—Estarán sentados en algún lugar favorito de su casa, en el rincón de su biblioteca, con alguna lámpara cercana, encendida casi todo el día. Frente a ellos, su máquina de escribir; los más actuales —como les llamaban— con sus ordenadores en sus respectivos escritorios, rodeados de libros esparcidos y apilados de todos los géneros; periódicos, revistas, manuscritos, dibujos, bocetos, lápices, hojas repletas de letras, rodeados de grandes libreros.

Admiraba la manera de escribir, pensaba en cómo no dejaban de mover los dedos, tecleando con ese sonido característico del choque del metal con la hoja incrustando, clavando, herrando las letras una tras otra, renglón tras renglón, circulando la hoja sin detenimiento, llenándose, cambiándolas, así sucesivamente hasta completar el capítulo de una novela, un cuento, ensayos o poemas, creando lugares, ambientes, personajes de ambos sexos, de diversas edades, hasta darles movimiento, voz, pensamientos, personalidad, es decir, su propia identidad, hasta hacerlos casi reales.

—Y mi doble admiración a esa inspiración imparable, pensando, creando historias, diálogos, imaginando, dibujando con palabras a la majestuosa naturaleza, a la delicada mujer, a la sagacidad de los niños con su picardía, la descripción de esa vecindad casi en ruinas donde alguno de ellos habrá vivido, el recuerdo de algún pueblo casi abandonado. O bien escribirle al eterno amor frustrado, a los amores dolorosos, desesperados, a los amores fugaces, a un amor que lastimó casi a muerte, al amor en silencio, al amor en secreto, al desdichado amor que desgarró el alma y dejó herido el corazón por un tiempo, y así hasta concluir, regresar, reescribir, o volver a empezar, y así sucesivamente sin parar. Habrá algunos que lo hagan en pausas, en el momento de inspiración, a la hora y en el lugar menos esperados, otros hasta terminar la idea, el escrito propuesto, unos serán estrictos consigo mismos en sus horarios de lectura y escritura, otros los menos rigurosos y libres, sin preocuparse por las prisioneras manecillas.

Los imaginaba fuera de sus países de origen, nutriéndose aún más de vivencias y experiencias; el simple hecho de cruzar las frontera abre las expectativas, la visión, la cultura; llenándose el alma de otros colegas, de costumbres, historia, música, sabores, y quedando a cierta hora para reunirse y conversar por largas horas en los cafés cerca de los lugares icónicos, históricos y monumentales como en Notre Dame en

París, por señalar tan solo uno, donde hablaban y discurrían por largas horas de temas religiosos, filosóficos o políticos sin entrar en mayor detalle de los personajes púbicos del tal o cual país en el poder en turno, pues la inteligencia, conocimiento y la razón son sus mayores virtudes. Hablaban desde luego también de sus viajes, de sus inesperados premios para ellos siempre inmerecidos y exagerados, elogiando entre sí sus obras o charlando de sus entrevistas después de recibir alguna condecoración por parte de una universidad, de algún ministerio de cultura o recordando las tertulias en los salones repletos de colegas, pintores, músicos, escultores, cineastas, actores, etc., creando una atmosfera artística en alguna noche bajo una luna cálida y agradable de donde saldrá más fuente de inspiración de esas memorias.

Al retomar su escritura, se dio cuenta que ya contaba con un número considerable de escritos. Pasó el tiempo y el destino actuó, llegó a su amable editora, una mujer no sólo bella sino de personalidad agradable, atenta y educada, a quien le dijo:

—Mi mayor anhelo ahora es compartirlos, hacerlos llegar a quienes fueron hechos. Todos tienen un destino, alguien se identificará con alguno de ellos. Que salgan a luz, a la biblioteca universal, a la realidad de las letras y libros, a la aportación para crear un mundo más sensible y consciente a través del poder de la palabra escrita, para que, al tenerlos en sus manos con la debida lectura, conmuevan mediante un sentimiento a quien esté del otro lado del libro. Cuando esto suceda a tan solo una amable lectora o lector, habrá valido la pena haber escrito con el alma y el corazón.

www.ingramcontent.com/pod-product-compliance
Lightning Source LLC
Chambersburg PA
CBHW032031090426
42733CB00029B/86